UnRead
—
生活家

Get

Paid

for Your

Pad

巧用一间房，
一步步实现财务自由！

How to
Maximize Profit
From Your
Airbnb Listing

小屋 赚大钱

[荷] 贾斯珀 · 里贝斯 Jasper Ribbers
[美] 胡泽发 · 卡帕迪亚 Huzefa Kapadia
——————著

北京联合出版公司
Beijing United Publishing Co.,Ltd.

王慧————译

目录

序

　　那时我真的受够了。我感到沮丧、厌倦、精疲力竭，我知道我必须离开交易所了。六年来，我一直疲于套利交易，一刻不停地买卖股票、期货和货币。我的工作时间很长，压力巨大。在迅速买进和卖出产品，为公司赢得利润时，我还不断遭到别人言语上的攻击。

　　财务奖励有那么诱人吗？当然。我只用工作一年的奖金就在阿姆斯特丹买了一套两室一厅的好房子。但付出和回报真的成正比吗？为了金钱把自己绑架在忙忙碌碌、永远做不完的事情上值得吗？终于有一天，这些问题有了一个响亮而清晰的答案：不，不。我必须离开。马上离开。我的生命就这样日复一日、年复一年，毫无价值地悄悄溜走，我不能再这样坐以待毙。如果你辛苦劳累，而把生命都花在一些让你厌倦的事情上，赚再多钱又有什么意义呢？因此，2010 年，我走进老板办公室，放下工作证，递交了辞呈。我的朋友们，我终于重获新生和自由。

大学时光

　　我爱大学时光。我喜欢所有的课程，珍惜每一次能够获得新知的机会。我特别喜欢经济学。当我越来越深入地学习这门科学时，我感觉经济学就像一股和风让人心旷神怡。慢慢地,手头的教材已无法满足我的求知欲,于是我开始阅读高年级的经济学书籍。

2004 年春,我取得了计量经济学硕士学位。那时候我 26 岁,一贫如洗,渴望一份金融交易员的工作,从而开始一段新生活。当荷兰一个顶尖交易公司同意录用我时,我几乎喜出望外。我再也不用为钱而烦恼了,从今以后,我将过上早饭有香槟,晚饭有牛排的日子,还能环游欧亚大陆。我迫不及待地想要挣钱和开始新生活。

交易员的生活

"蠢猪,你怎么了?该做什么,我和你说了十遍了,你却还在这儿浪费时间。真是个十足的呆子。坐下吧,闭嘴,什么都别干了,听我发话,蠢货!!!"

我以前从未像这样被人恶语相加,然而同事告诉我,在这里工作,被骂是家常便饭。上学时,我一直都是班里的尖子生,百里挑一的那个,突然间却被称作"蠢猪"。每当我搞砸一笔交易或算错利润时,别的交易员就会毫不留情地指责我。我以前从未遇到过如此高压的交易环境,这份工作让人既无比兴奋,又心生畏惧。每天的工作都要涉及大笔的金钱,因而也不断有人因为一些小错误被责骂。我每周都会看见不少交易员在哭泣,有些人难以承受这种挫败感,走出那道门后便再也没有回来。

但我决心待下去。我不会中途放弃的,除非他们用棍棒把我撵走。经历了数不清的辱骂,待在极度糟糕的工作环境中,但我依旧笑对生活。你瞧,三年之后,一切开始好转了。在办公室我得到了应有的尊重，工作也慢慢变得得心应手。我冷静而平稳地处理工作，出错越来越少，薪资也越来越高。

当然，并不是交易员的工作变得有趣了，而是我的承受能力变强了。金钱当然能给我带来很多乐趣。它可以让我到最好的夜店消遣，在最高档的餐厅吃饭，空闲时间还可以到世界各地旅行。生活真的很美好，我要享受每一份快乐。

到 2009 年，我已经做了近五年的交易员工作，突然有一天，我开始觉得空虚。虽然薪水很高，也有振奋人心的旅行，但我的工作依旧无聊乏味。上班时我感到无趣、不开心，期盼着赶快下班回家。这样的生活似乎并不是我想要的。于是考虑再三后，我和老板坦白了自己内心的矛盾。我表示想尝试改变，但还不清楚下一步做什么。几天后，老板主动找到我说："你去我们的芝加哥分部工作如何？"我很感兴趣。虽然过去后我每天干的基本还是那些活，但这是我探索美国的好机会。我考虑了几天后，决定接受老板的建议，搬到芝加哥。

美国生活

芝加哥是一个充满钢筋水泥的世界，目之所及，高楼大厦鳞次栉比，明亮而整洁。中心市区坐落在密歇根湖沿岸，湖水呈深蓝色，湖面壮阔如太平洋。湖边上是一片片沙滩，每逢夏天，当地人便去那儿游玩，熙熙攘攘的。可以这样说，我完全迷上了这座城市。

我在芝加哥的生活同在阿姆斯特丹时基本没有差别，只是新环境让我着迷，我也没有被工作拖垮。我不断地探索，结交新朋友，甚至买了一辆崭新的阿斯顿·马丁。开着性感的跑车在密歇根湖畔兜风，这是我一直以来的梦想。那段时间，我生活得颇为滋润。

内心再度动荡

　　我每天早晨的安排：煮点咖啡，煎几个蛋，烤几根肠，狼吞虎咽地吃完。然后冲个澡，换上那身商务装去上班。工作一天后赶回家，与朋友们共度美好的夜晚。这样的生活似乎还不错，简简单单的，我的许多荷兰朋友都很羡慕。

　　然而，不知是什么地方出了问题。我离开阿姆斯特丹已近八个月，随着芝加哥的魔力慢慢黯淡，我意识到自己又回到了原来的状态，又开始对事业感到不满意。事业是生活核心的一部分。然而，一天十个小时，一周五天，一年五十个周，不能都花在一份让人头脑麻木、灵魂挣扎的工作上。至少，我对完美生活的理解不是这样的。

　　那我该怎么办？辞职吗？如果辞了，接下来做什么呢？我用了几个星期思考想要什么样的生活。关于人生追求的几乎所有问题，我都想了个遍，最终得出一个让人诧异而清晰的答案：我要去旅行。是的，我知道你们在想什么……那不是事业，对吗？我也这么想，但我不在乎。我明白自己想要怎样度过一生。我真的认为，当我开始追求梦想时，一切都会变好。

　　这是我人生最艰难的决定。我想了很久很久，终于明白自己想做什么。我要开始新生活，要迈出这一步。如果现在不做，我会后悔一辈子。

　　于是，我再一次踏进老板办公室，告诉他这个不好的消息。而这次我的想法已不同于以往。我不想跟他说我的困惑和不如意，也不想他做出妥协或给我任何新的机会。相反，我已决心离开，并向他表示感谢："谢谢您让我有机会在芝加哥生活，但仔细考虑后，我还是决定不在这儿继续工作了。"老板听出了我言语中的坚决，便几乎没有反对，只是问我是否还有改变想法的可能。我说："虽然在公司学到了很多东西，但我已做好决定，必须得离开了。"老板接受了我的辞呈，随后向公司全体同事发了一封邮件，说明我已辞职，并祝愿我过上自己想要的生活。

我以火箭般的速度向家飞奔而去。体内肾上腺素飙升，兴奋得飘飘然忘乎所以。快到一个拥挤的十字路口时，我停下来环顾四周，上班族们迈着狂躁的脚步匆匆往家赶。想到以前的自己也经历无数次这样的状态，我不禁深吸一口气，闭上眼，释放了长久累积在体内的紧张情绪。我再也不是上班族了。这样想想，感觉真美好。

我彻底剪断了那根连接交易公司的脐带，该去实现大计划了。安排人手帮我把东西存放在一处，车停放在车库，将其他不需要的物品都卖掉。我马上要开始崭新的生活，并且将摆脱不动产的束缚。我决心轻装简行，换上一颗自由的灵魂。

巴西，以及更大的世界

2010 年冬天，我买了一张去往巴西的单程票，将仅剩的两箱行李打包后，便踏上了那片未知的土地。我不知道以后要靠什么来谋生，也不知道最后会落脚在何处，我只知道，自己已迈出了这史诗般旅途的第一步。

我在巴西的几个月过得有些魔幻。白天，我在美丽的弗洛里亚诺波利斯四处冲浪游玩，所到之处都是熙熙攘攘的人流，有当地人，也有游客。我能说流利的西班牙语、法语、英语以及荷兰语，只有葡萄牙语从未讲过。为了进一步了解巴西人的生活和文化，我决定学习葡萄牙语。短短两个月后，我的葡萄牙语就说得非常流利，也得以认识了更多巴西朋友。

我感到非常轻松自由！生活像彼得·潘[1]（Peter Pan）的童话故事一样，再也不用咬紧牙关盼望繁忙而无聊的一天赶紧结束，相反，当下的每一刻都变得美好而难忘。坐在办公室为某公司服务的想法离我越来越远。难以想象再回到那种生活，再也不要了。

然而，还有一个小问题没有解决：钱！没错，我在银行有一些存款，但总有用完的时候。我要想办法让资金流动起来以支撑新生活。我的生活相对比较节省，吃住都不算太贵，但若只出不进，那些钱早晚花光。

那时候我唯一的收入就是阿姆斯特丹公寓的房租。这让我有点钱，但完全不够生存。于是我开始想办法解决"财务"困难。我想到了几个可能的办法，比如：（1）利用互联网做一些生意；（2）在南美洲倒卖二手车；（3）一头扎进线上扑克牌玩家区。但最终这些想法都行不通。

后来我发现了一种新的依靠资产挣钱的方式。房屋所有者可以把房间短租出去，就像酒店一样，而不进行长期固定租赁。为了实现这一切，有人发明了一个全新的、革命性的工具：www.airbnb.com，爱彼迎，一个很棒的在线短租平台。它听起来有趣，但似乎风险很高。

---

1 译者注：彼得·潘是苏格兰小说家及剧作家詹姆斯·马修·巴利的长篇小说《彼得·潘》中的主角之一。彼得·潘是个不肯长大的男孩，象征着永恒的童年和永无止境的探险精神。

我要如何放心大胆地让一个陌生人住在我家？更不要说几年下来会有无数的陌生人住进来。另外，我已经从固定期限的直租中获得了稳定的现金流，怎样确定短租市场会更挣钱呢？深入研究后，我发现这或许需要承担一点风险，但基本上可以使自己的年收入最大化。

我看了所有关于短租的资料，开始置办一些必要的物品。几个月后，通过短租挣的钱便足够供养我的旅行了。我再也不用吃老本了，短租客组成的坚实木筏足以让我在汪洋大海中存活。而且，我已获得了绝对的财务自由！这是我一直追寻的状态，也是我一直在寻找的答案。如今，我可以像鸟儿一样张开翅膀，无忧无虑地在空中翱翔，在世界的任意角落停歇。

你还在想我是怎样做到的吗？那么请想象这个画面：我和几个朋友在曼谷的街头闲逛，买了一些新鲜的泰式鸡丝粉和一瓶胜狮啤酒。我抿了一口酒，这时手机响了，是爱彼迎发来的提示音。有人预订了我的公寓，他接下来的五天都会住在那儿，每晚 200 美元[1]！这对我而言真是个好消息，因为我现在已经完成了 80% 的月均预订目标。这意味着这个月我的公寓已经有 24 天被预订了，扣除成本，大概还有 4000 美元的可观净现金流。我每个月住宿平均花费 2100 美元（住在 Aloft[2] 旅馆，定价合理，每晚 70 美元），吃饭 900 美元（平均每天 30 美元），刨除这些后还能剩下 1000 美元。这些钱足够养着我的爱好，预订好机票，我便可以飞去下一个充满异域风情的新地方。

如今，我的生活就像一场梦。我在一个美好的城市待上一两个

1　编者注：本书涉及大量金额信息，为避免资讯传播时出现误差，本译本保留"美元"的货币单位，未换算成"人民币"。

2　编者注：Aloft，喜达屋集团旗下的雅乐轩酒店。现统一归属万豪集团。

月，把所见所闻记录在旅行博客里，然后打包行李到一个新的地方开始另一次探险。幸运的是，我已经去过美洲、亚洲、欧洲和澳大利亚的许多地方。

累了就睡，饿了就吃，想和朋友们聚会了，就去他们所在的那座城市的酒吧坐坐。一路上，我遇到太多有趣的人。我十分享受这样的生活。

很多朋友都惊叹我的生活方式，内心也渴望能像我一样过得无忧无虑。你知道我怎么和他们讲的吗？我说，你也可以。促成这场旅行的催化剂是爱彼迎，它为我从交易员的生活过渡到环球旅行的生活搭建了桥梁。如果没有这个了不起的发明，我可能还会被迫回到原来单调的上班族生活。但现在我有保障了，有持续的收入供养我神仙般的生活。简言之，我就是彼得·潘。世界是我无尽的家园，爱彼迎是我的魔法粉，我的生活过得如想象中的一般幸福。继续走，向前走，开始另一场探险。

Get Paid for Your Pad

前言

挣钱是个爱好，这个爱好可以为你其他的爱好增光添彩。

——斯科特·亚历山大，作家

经济全球化使得人们越发渴望去更多的地方旅行，了解、感受不同的文化。 然而，很多人想要环球旅行又觉得囊中羞涩。简言之，人们想要花最少的钱去旅行。这确实是个难题。高昂的机票价格，跨市交通和大城市住宿都非常昂贵，想要在旅行上节省开支，如同见到尼斯湖水怪[1]般难以实现。

在所有与旅行相关的费用中，占大头的一定是豪华酒店。别误会，我只是喜欢住得好点儿罢了。然而，当感官享尽奢华与舒适时，钱包就像被吸血鬼袭击了一般，变得冷清而空荡。

假设来自纽约的"旅行者乔"想去巴黎度假一周。乔是个有计划的人。他提前在网上搜索到一张相对划算的机票：往返750美元。由于度假时每顿饭都会在外面吃，因此他拨出500美元用作餐费。接着他又拨出400美元用于其他消遣花费。这样下来，预算总计1650美元。这么多钱可以在巴黎过一周，还算不错吧？哦，他差点忘了……还要订酒店。旅行者乔想住得舒适一些，但巴黎的酒店实在太贵了。他搜索很久后看上一家每晚300美元的四星级酒店。这意味着，一周的住宿费就得2100美元！当然也有一些便宜的小旅馆，但乔不喜欢。他认为，度假就应该让自己舒服，并稍微奢侈点儿。即便住在一个三星级的酒店，他每天晚上还是会花费150美元，一周下来要花费1050美元，仍然相当可观！看似美好的巴黎短假却变成了一笔不可小觑的开销。

但希望总是有的。全球市场不断扩张，随着社会需求的变化而

1　译者注：英国苏格兰地区尼斯湖中有巨大怪兽的传说，传言它常常出来吞食人畜。

变化。这时，旅行者乔发现了一种可以大大节省开支的新型住宿模式：短租房。房东将自己的私人住所直接租给客人，租赁时间像酒店或小旅店一样，可以是几天或几周，而不像典型的长期租赁（半年或一年）。由于房东直接管理这些房间，不需要像酒店一样花费太多保养和维护费（比如雇用专门人员来管理，或置办昂贵的设施，比如开设餐厅之类的），因此游客能花较少的钱住到不错的房子。此外，还能像住在自己家一样享受所有的配套设施。也就是说，游客可以：（1）节约住房开支；（2）自己做饭，从而节省饮食开支。旅行者乔如果住在短租房而不是酒店，每晚花费 75 美元，就可以在巴黎的豪华公寓拥有一间带卫浴的私人卧室，同时饮食开支也能降至七天 250 美元（假设他偶尔会出去吃）。这样一算，食宿花费就是 775 美元和 2600 美元的差别了……节省了近 2000 美元！

对消费者而言，短租房是一笔非常划算的买卖，既能住得舒服，又能省下一大笔钱。但这笔交易的另一面是什么呢？房东忙来忙去地接待短租客能获利吗？

准备好了吗？我们来分析美好的一面：短租房为房东和租客提供了一个很好的中间平台。没错，是双赢。不仅游客节省了大笔开支，而且房东也可以比普通的固定期限租赁赚取更多的利润。"更多"是指两倍到三倍的利润。两到三倍！你们不相信吗？在转为短租前，我每年靠一年期的固定租赁只能收入微不足道的 26000 美元。现在只做短租，年收入近 60000 美元。而且，只要做好基本的后勤保障即可。短租服务其实非常简单。

但有一个很关键的问题：常年都能找到租住房屋的游客很困难。纠正一下：以前很困难。随着一种为房东和客人准备的全球性市场工具的出现，短租比以往任何时候都更加容易实现。我说的这款神奇工具是什么呢？就是绝无仅有的爱彼迎。

2007 年，布莱恩·切斯基和乔·杰比亚创立了爱彼迎。这个产品刚开始叫"空中食宿"（AirBed & Breakfast），起初只是为每年参加工业设计大会的人提供比较合算的短期住所。那时，他们的目标是为那些付不起旧金山昂贵的酒店住宿费的人群，提供最经济的住宿体验，包括舒适的气垫床和一顿家庭自制早餐。

在一个渴求改变的行业中，这是个简单而有创意的概念。我们今天看到的爱彼迎就是由"空中食宿"这个雏形发展而来的。它的两位创立者最终将其名字由"空中食宿"改为"爱彼迎"。短租房的类型囊括了：整套房间或公寓、私人住房、别墅、轮船、庄园、造在树上的小屋、帐篷、雪屋[1]、私人岛屿，以及其他房产。爱彼迎极大地扩大了人们的旅行范围，对于那些渴望到处旅行的人而言，它将不可能变成可能。

为什么是爱彼迎？

如今，住宿市场巨大无比。各种网站和线上工具已帮助人们节省了许多原本昂贵的住宿费用。如果你刚开始了解旅行住宿问题，可以参考这些网站：VRBO、HomeAway、Couchsurfing、Roomorama、9Flats、Wimdu、HotelTonight。这些网站都非常好，上面有各种各样的住宿选择和非常棒的追踪记录。但说到产品线，总有一款产品更闪亮，质量更上乘，持续为客户提供最好的服务、最高端的产品，以及

1　译者注：因纽特人居住的，外壳用硬雪块砌成的圆顶小屋。

最高水平的综合价值。

住宿产业快速发展，而其中独一无二、占绝对优势的就是爱彼迎，它在短租业中最富创新精神，影响最为广泛。爱彼迎把为顾客服务放在第一位，顾客信任值很高，是租客和房东的首选。我曾试过将自己在阿姆斯特丹的房子放在几个不同的竞争平台上出租，经过长时间的反复试验，我坚定地认为爱彼迎绝对领先，原因有以下几点。

规模和发展

爱彼迎是一个由房东和租客构成的巨大网络，并且规模越来越大。截至 2016 年，爱彼迎已在全球 190 个国家，34000 个城市，超过 220 万个住所接待过 6000 多万位租客。仅 2015 年夏天就有超过 1700 万位租客入住，而 2013 年全年仅有 600 万租客入住。全球 220 万爱彼迎房屋中，只有 35 万处住房在美国，其余则分布在全球各地，这进一步说明爱彼迎是一个不断发展壮大的国际性短租平台。

爱彼迎的迅速发展吸引了众多硅谷金融投资者的目光。爱彼迎联合创始人兼首席技术官纳坦·布莱卡斯亚克[1] 称，2012 年该公司在旧金山风投公司的帮助下，筹集了逾 2 亿美元资金。2015 年 6 月，该公司又筹到了 15 亿美元。比起风投的大力支持，更让人惊讶的是，爱彼迎的市场估值已达 250 亿美元。

若将这些数字与其他竞争者相比，爱彼迎的成功是其他公司的指数级倍，并且影响非常广泛。爱彼迎最大的竞争者 Wimdu 在全球只

1　编者注：Nathan Blecharczyk 目前是爱彼迎的中国区主席，中文名"柏思齐"。

有 35 万处住所。Roomorama[1] 也是短租市场的主要公司之一，只有 12 万处住所。尽管这些竞争者也成功地在短租市场建立了很好的口碑，但毫无疑问，爱彼迎依然领先。此外，爱彼迎的愿景很高，其目标是每年接待 1 亿人次租客，年收入 10 亿美元。

用户友好体验

爱彼迎的网站设计十分简单，无论是对房东还是正在找房的游客来说，其页面观感都如同一缕清风，给人很自然的感觉。网站登录页的搜索框一目了然，首次使用者，只需浏览几页，便能很快找到一处合适的住所。

用户输入一个地点、两个日期（到达和离开）、住宿者数量，点击"搜索"，系统便根据位置远近、价格高低以及评分情况自动给出住所清单。搜索结果也随着用户偏好的不同而各异。

1　编者注：Roomorama 官方网站现已下线。

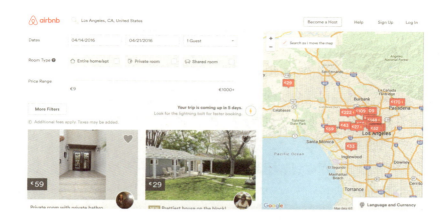

　　用户仔细研究所列清单，做出最终决定后，点击"预订"即可。房东收到这条入住申请，同意入住，这次短租便得到最终确认和安排。

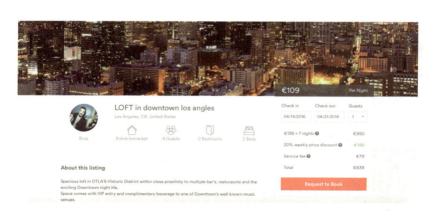

　　就房东而言，整个操作过程也非常方便。如果有人对某间房感兴趣，该房东会收到一条申请预订房屋的消息。之后，便可根据房间情况、租客评价或者其所在意的其他条件来决定接受还是拒绝这条预订。如果接受预订，房东的房间可租用日期便会自动更新。

安全、信任与身份认证

安全问题是房东选择出租房屋时最担心的一点。许多人认为，邀请陌生人入住自己家会有很多不可预测的麻烦。尽管出租房屋可以带来不错的收入，房东还是有很多顾虑，主要有以下几点：

- 我的东西被偷了怎么办？
- 我家里东西遭到破坏怎么办？
- 如果有人特别不讲卫生怎么办？
- 怎样保证租客不会伤害我？
- 如何保证租客不会带动物住在我家里？

因为我们将要面对的是完全陌生的人，所有这些担心都是合理的。不过不用因此而烦恼，爱彼迎总结出这些潜在风险，并且采取了许多非常有效的保护手段。

1. 爱彼迎房东保险[1]——对于房东每一次租赁行为中所产生的财产损失，爱彼迎提供最高可达 100 万美元的保险赔偿。这是由伦敦劳合社支持的，对房东的保护。尽管保障范围很广泛，但以下项目不在保护之列：

- 日常损耗
- 现金和证券
- 收藏品
- 珍稀艺术品
- 珠宝

1　编者注：爱彼迎房东保险的具体理赔金额以爱彼迎官方合同为准。

- 宠物

- 个人负债

如果想知道更多关于如何获得保险赔偿的信息，可查看爱彼迎官方网站。

2. 潜在顾客的简介与评论——爱彼迎是一个短租社交网络。租客和房东都可创建个人主页，上传图片、视频、个人信息或发表评论，等等。房东可根据租客主页上的信息决定是否接待其入住。爱彼迎鼓励使用者通过查看评论、阅读个人介绍、浏览相关图片或视频来确定是否接纳该租客。总之，入住审核时细心一些可以预防许多安全问题。

3. 押金——如果房东想获得财务保障，可向租客收取押金。押金数额从 95 美元到 5100 美元不等。押金须在入住前缴纳。一旦租客已经办理入住，房东不可再收取押金。入住过程中若房东发生财务损失，须在 48 小时内反映问题。如果超出规定反馈时间，房东须退还押金。

4. 房东与潜在顾客进行信息沟通——如果潜在顾客想要预订房间，可以先和房东打个招呼。这样房东便有机会与潜在顾客进行沟通，询问入住原因、职业，或者他和谁一起旅行，等等。这是接受订单前了解顾客的绝佳机会。

5. 订房要求——房东可要求客人的身份信息必须经过认证，才可预订住房，这样就能确保入住人员的信息已经过爱彼迎工作人员的审核。

6. 顾客须知——爱彼迎为规范入住提供了两个好工具："住房守则"和"房客指南"。"住房守则"是针对租客的行为提出规范要求，潜在顾客在预订房屋前就能看到这些守则。"房客指南"是顾客确认预订后，房东与租户分享的一些具体信息，包括 Wi-Fi 密码、水龙头使用方法或者最近的咖啡厅位置等。

房东最终能通过各种渠道来了解潜在顾客。如果在交流过程中，房东对潜在顾客有疑虑，他有权拒绝该顾客的入住请求，继续与其他顾客进行交流。

坚持使用一家短租平台

因为有各种不同的租房网站，我在考虑把房子挂在网上时，理论上我似乎应该把所有网站都利用起来。那时的想法是，如果只把房子挂在爱彼迎一个网站上，那我可能会失去使用其他网站的潜在客户。

由于我所在区域的租房平台中，Wimdu 所占市场份额仅次于爱彼迎，于是我便在 Wimdu 上也注册了一个账户。几个月后，我发现通过 Wimdu 并没有增加太多客户。不过我还是决定先留着 Wimdu 账户，两个总比一个好，不是吗？

但之后我开始认真反思出租策略，在不同的租房网站做了一些调查，浏览了所有我能找到的旅游资讯。深思熟虑后，我决定注销 Wimdu 账户，把精力集中在爱彼迎上。以下是我这么做的理由：

• **用户评价、排名和订房量是制胜关键**——把房子挂在多个网站上会制约你在爱彼迎上的订单量。也就是说，如果有人碰巧用的是 Wimdu 而不是爱彼迎，那意味着，一旦他在 Wimdu 上锁定了你的房间，那这间房就只能从 Wimdu 上租出。短期看来可能没有影响，但长期而言影响很大。如果你的排名情况、用户评价和订房量平均分布在不同的网站上，那你便失去了让房屋排名和评价效果最大化的机会。因为系统是以区域为单位，根据用户反馈和累计订房量来自动排名的。如果你的房屋搜索排名不断提高，订房量将呈指数倍增长而不仅是线性增长。这和用谷歌搜索信息时不同网页所获点击率的高低类似，通常第一页所获点击量占比能高达 80% 到 90%，而随后的无数的网页所获点击量则少得可怜。这意味着，将房子挂在多个网站上你会付出两个代价：（1）失去大量订单；（2）失去因需求量大而可以提高租金的好机会。

• **爱彼迎是短租需求者必经之地**——因为爱彼迎在住宿类网站中最大也最出名，所以通常它也是客户的第一选择。用户在寻找住所时如果浏览了不同的网站，爱彼迎很可能就是其中之一。因此，即便你并未注册其他网站，大多数人也会在爱彼迎上浏览你的房屋。

当然，也有一些例外。比如，如果你房屋的地理位置很偏僻，需求量较少，那就可以多挂在几个网站上来出租。如果你的房屋竞争者较少，那便不需要建立坚实的口碑基础，因为这种情况下，口碑多少对于你是否能租出房屋影响并不大。相同地理位置的出租屋数量少，你的房屋在搜索结果中排名肯定会靠前。

使用多个短租平台的另一个原因是，在不太容易收到订单的日期里增加预订可能性。

例如，你可以将未来尚未被预订的日期（比如，未来七天）挂在另一家短租平台上。使用多家网站可作为你在爱彼迎未收到订单时的一个补充，从而使你接到的订单量最大化。此外，你也可以利用其他平台出租那些爱彼迎上很难收到订单的两三天的间隔日期。但请记住，如果你的房屋在其他平台上口碑不高，成功出租的可能性也会较低。不过，你仍然可以试一试，做些小试验不会有太大影响的。

如果你决定同时使用多家短租平台，我还有最后一条建议，那就是确保各个网站的日历同步更新。在相同的日期收到两个订单将会给你带来灾难，你将不得不取消其中一个订单。而且你不仅会被罚款，口碑也会受到严重影响。想要了解更多关于取消订单及其后果的信息，请查看本书关于取消订单的部分。

这本书写给谁？

本书主要为以下两类人群而写：

1. 那些已经注册爱彼迎并希望通过爱彼迎赚更多钱的房东；

2. 想要从事房屋短租的租客和房屋所有者。

对于已经注册爱彼迎的房东，我想给你一把通往短租王国的钥匙。我会给你一系列的建议让你火力全开提高房屋排名。你的目标就是尽可能成为最好的房东。这意味着，你的房屋在邻居中的搜索排名会非常靠前，你的租金会得到最大化，同时你获得的租客也是质量最高的。

对于想要出租房屋的新手房东，我希望让你看到无尽的可能。许多人因为怕麻烦而不愿意做这个生意，抑或害怕陌生人入住带来的风险。但我在前面已经说过,风险是可控的。房东完全可以自己决定接待怎样的人入住,这意味着他们可以决定自己承担多大的风险。当然,把房子一整年都租给一个人似乎是一件很简单的事,但其实一旦你把基本生活设施都安排好了,短租也不会太花时间。并且,你赚到的会比你付出的努力多很多,可以说,你会赚到通过固定期限出租房屋所获净利润的两到三倍。

虽然本书主要写给使用爱彼迎的房东,但其中许多想法也可以应用在其他租房网站上。重申一下,我认为在绝大多数情况下单独使用爱彼迎就能给你带来最好的收益。但如果你确实不喜欢爱彼迎,这些原则也同样适用于你所选择的其他租房网站。

如何使用这本书?

这本书包含了能够使你的爱彼迎搜索排名最优化,让你的房租收益最大化的所有方法。与其他爱彼迎相关书籍不同的是,这本书并非一次性读完就可以。当然你也可以用一天时间飞快地浏览完毕。这本书旨在给你提供创建爱彼迎账户或者调整房屋出租方式方面的参考。我建议你先完整地读一遍,当你每次想改善自己的爱彼迎房屋经营时再拿起来翻一翻。

本书内容涵盖了在爱彼迎上出租房屋的方方面面。我会深入地讲一些细节,所以材料可能会比较多。因此,请记得在你编辑自己的爱彼迎房屋网页时再翻阅一下这本书。例如,假如你打算为客人做一份精美的指南,此时你便可以翻到本书对应的部分浏览一遍。本书将作为一张地图指引你在爱彼迎短租市场中航行。

全书梗概

第1章，房屋准备。这一章介绍了你在接待客人前需要做的所有准备。本章会告诉你需要搬走哪些东西，列出了客人需要的家电清单，介绍了如何创造舒适的睡眠环境，以及怎样安排客人进入房屋等。同时，本章也会介绍一些网站和应用程序，从而帮你更快地布置好房间。

第2章，创建房源主页。本章覆盖了创建爱彼迎主页的各个方面，包括简介、名称、描述、住房守则、取消订房须知，以及你能接受的最短和最长的租房时间，等等。

第3章，租客和单层公寓所有者如何开始爱彼迎短租。本章主要针对想要从事爱彼迎短租的租客和单层公寓的房屋所有者，介绍了一些应对房东或业主协会的方法和建议，并提供了一些成功的案例作为参考。

第4章，不在大型旅游城市怎么办？本章回答了许多人都关心的一个问题：我的房屋不在大城市可以用爱彼迎吗？答案是，当然可以。但要了解所有的方法和细节，你必须得把这一章完整读一遍。

第5章，定价。本章解答了关于定价的诸多问题。例如：（1）怎样为新房子制定合适的价格；（2）怎样在适当的时候提供折扣优惠；（3）什么时候要额外收费。本章也介绍了一些在线自动化服务工具，帮你依据地理位置、旅游季节以及其他一系列因素来定价。

第6章，顾客。无疑，这是全书最重要的一章。你如何与顾客沟通，怎样对待顾客，这些将决定你能否在爱彼迎"生存"下去。这一章需要仔细研读，服务意识不管什么时候都很重要。本章涵盖了许多话题，例如：（1）如何以及何时与客人沟通；（2）出现问题时该怎办；（3）如何获得客人反馈。此外，本章还介绍了经营爱彼迎时解决沟通问题的诸多方法。

第7章，评价。本章介绍了爱彼迎评价系统。获得积极的评价对于增加你收到的查询量和预订量至关重要。我将研究爱彼迎客人满意度评价的内部机制、如何获得积极的反馈，以及如何处理不良评价。虽然不好的评价必然带来不良影响，但有一种方法可以最大限度地减少损失，并有可能使之成为你的闪光之处。

第8章，做好营销。本章主要介绍如何宣传你的房屋。营销方法有很多，但最重要的渠道当然是优化爱彼迎上的搜索结果。本章通过分析所有细节，确保你的房屋在搜索结果中处于领先位置。你的房屋能否出现在所在城市或社区搜索结果的第一页，将直接影响你的爱彼迎经营成败。

第9章，经营爱彼迎的不同方式。本章介绍了四个房屋情况各不相同的爱彼迎经营案例。经常有潜在房东误认为他们的房屋情况不适合做爱彼迎短租。如果你也被类似的想法束缚手脚，我真诚地建议你仔细阅读这些有趣而有启发性的故事。

第10章，爱彼迎房东在美国是怎样纳税的。本章介绍了在美国经营爱彼迎业务时法律上的各种问题。我已经会见了几位税务专业人士，可以为所有生活在美国的读者们提供准确的最新税务信息，以便其经营符合美国国税局的要求。

第11章，投资房地产用于爱彼迎租赁。本章介绍了如何投资新兴房地产市场来从事爱彼迎短租。如今，许多人在不同地方寻找房源来从事爱彼迎业务。本章回顾了几种在线服务，这些服务可帮助人们鉴别出投资房地产的最优选择。如果你也有这种想法，那就不要错过本章。

第 12 章，经营爱彼迎的安全性。本章介绍了短期租赁生意中的安全问题。我将介绍一个有警示意义的故事，以及关于这一主题的重要统计数据。

第 13 章，爱彼迎开放日深度体验。本章是我自己参加爱彼迎开放日的一些感悟。开放日是为世界各地的爱彼迎房东所准备的大型年度活动。如果你有兴趣改善爱彼迎业务，并在超级有趣的氛围中与来自世界各地的朋友们交流心得，请参阅本章。此外，我会分享 2014 年有幸见到爱彼迎创始人的故事。

第 14 章，结语。本章是我想要在本书结束时和读者说的一些话。我还将介绍一些额外的资源和参考资料，以帮助你的短期租赁业务的推出和维护。

书中列举了许多我自己在管理爱彼迎时所使用的示例和模板，希望可以为你在制作自己的个人主页及与客人沟通时提供参考。

主旨

本书旨在帮助你成为一名爱彼迎超赞房东。为什么？因为服务质量决定了你的爱彼迎短租业务收入的多寡。在短租活动中，服务质量与客户租住满意度决定一切。本书并非介绍一些诡计，而是关于如何创造一个令人尊敬的产品，为你的房屋建立良好口碑，以及让你的客人感到受欢迎且舒服。简言之，成功的唯一方法就是让你成为最好的房东。

Get Paid for Your Pad

第 1 章

房屋准备

无论何事，良好的前期准备是通往成功的钥匙。
——亚历山大·格雷厄姆·贝尔，发明家、科学家创建房屋主页前，必须确保你的房屋已准备好接待客人。那么，应当依据什么标准来判断自己是否准备好了呢？考虑这个问题时，要时刻记得，大多数客人都期待在一个风景如画的地方度假。人们已经习惯了豪华酒店、热情的服务员和旅游中各种附加的好东西。然而，你不应把心思花在修建螺旋式楼梯和打造华丽花哨的吊灯上。你的目标不要定位于重塑酒店氛围，而是要提供舒适、安心的居住环境，让客人有一种被照顾的感觉。你要为客人创造一个无忧无虑的假期氛围，在你这里，他们的烦恼和疑虑将会烟消云散，需求将得到满足甚至有所超越。如今，你是建造梦幻度假工厂的一分子。你的任务是给客人创造最好的体验，以确保客人能在你的城市度过一个美好的假期。

准备"客人友好"型房间

要将自己的空间从私人生活区，转变为客人友好型的住所，确实需要花费一番工夫。许多细节需要改进，有些很容易看出来，有些却很难。关于如何为各类旅行者准备公寓或房屋，接下来我将一步步告诉你怎么做。

搬走或存储个人物品

第一件事：搬走对客人无用的个人物品。没有理由让你的私人物品分散在公寓里。你可能不希望客人试穿你最喜欢的睡衣，客人也不想在浴室里看到你的牙刷和剃须刀。下面列出了你应该搬走或存储的一些东西：

- 衣服
- 个人卫生用品（剃须刀、牙刷、药物）
- 电脑
- 鞋
- 珠宝首饰
- 个人文件
- 私人照片

当然，也有一些物品可能对客人有用，我也列出了几项：

- 书籍
- 电影 DVD
- 电子游戏机
- 杂志

也许你会担心这些东西被偷，而我的经验是，从来没有丢过任何一件私人物品。

为客人购买生活必需品

上图是你将要打造的房间形象：旅客家乡以外的另一个家。出色的房东一定会让客人走进房间后感到熟悉而舒适。我通过爱彼迎住过的，感觉最好的地方是在克罗地亚赫瓦尔岛的一个复式公寓。这个公寓位于当地市中心，地理位置非常优越，房东也特别友善。然而，便利的设施才是它令人难忘的最重要原因。厨房里的东西应有尽有，屋里还有洗衣机、壁橱、两台卫星电视和一堆Blockbuster电影[1]。那真是非常棒的入住体验。

为什么这样的体验会那么令人难忘呢？因为那些给人惊喜的小前奏让客人感到安心。不管走到哪里，人们都渴望有家的感觉。每当走进自己的公寓，立刻就有一种宁静的感觉席卷全身，这时候，整个人都放松了下来。作为房东，我的目标是让每一位客人都能体验到家的感觉。如今，我的公寓已经接待过 250 次客人。在聆听了他们的要求和建议后，我列出了一份比较全面的基本生活用品清单：

卧室用品
- 备用的毯子
- 备用枕头
- 毛巾
- 婴儿床
- 备用空气床垫

---

1 编者注：Blockbuster，北美出租 DVD、录像游戏等家庭影视娱乐产品的连锁店，有的译成"百视达"。2011 年被 Dish Network 买下，后其分店逐渐停止运营。

- 闹钟
- 熨斗和熨衣板
- 万能转接器

浴室用品

- 纸巾（特指卫生间里用来擦手的纸巾）
- 卫生纸
- 餐巾纸
- 液体肥皂和洗发水
- 用于挂衣服和毛巾的浴室挂钩
- 吹风机
- 一次性剃须刀和剃须膏
- 牙膏

厨房用品

- 微波炉
- 烤面包机 / 烤箱
- 茶壶
- 盐
- 糖
- 油
- 咖啡机
- 沙拉搅拌机
- 高质量的刀和砧板
- 两个锅和两个盆

- 足够的盘子、杯子和银器，其数量要达到房屋接客量的两倍

清洁用品
- 空气清新剂
- 扫帚
- 真空吸尘器
- 表面喷雾清洁剂

即使只是一个两室一厅的房子，也可以容纳四到五位客人入住。因此，我建议要准备足够的床单和床上用品。

确保客人获得良好睡眠

影响住宿舒适度最重要的一点是你的房间是否有利于休息。笨重的床垫，烦人的噪声，或不舒服的床单，这些毫无疑问都会带来负面评价。你不需要花太多钱，只要做一些简单的事情，就能确保客人在你家中轻松进入深度睡眠：
- 安装可以完全遮光的窗帘
- 床上铺一张柔软的床垫
- 依据不同的气温提供相应的毯子
- 床头要准备眼罩和耳塞
- 卧室里放一个备用的小风扇

浴室

注意：你的浴室一定要做到无可挑剔！请记住，你要对标的是

一家豪华酒店。入住五星级酒店时，你在浴室里看到过丝毫的污垢吗？洗手间必须洁净，水槽要保证没有一粒污物，不要留下任何发霉的迹象。这些都是基本标准。对于很爱干净的客人，如果浴室的卫生条件一般，那么他的整体住宿体验会大打折扣。浴室是非常私密的空间，要让人们在使用时感到安心。

附加服务

如果你已将我所列出的建议付诸行动，那么你离获得好评已经不远了。然而，若要做到真正的卓越，提供五星级的服务，你将不得不向前再多走一点。如果你已准备好迎接挑战，以下是几条增值建议：

- 提供一张本地手机 SIM 卡
- 准备一些本地旅游景点、餐馆以及酒吧的优惠券
- 将附近的餐厅列一张清单
- 提供给客人免费使用的自行车
- 准备一些本地公共交通卡
- 提供接机服务

注意物品的外在呈现

判断服务是否一流，不仅要看它能够给顾客提供哪些使用价值，更要看它是以何种形式提供的。你看过《顶级大厨》（*Top Chef*）这个真人秀吗？虽然优质的原材料和完美的调味料很重要，但麦粒和谷壳的区别在于外观。这一切都是关于物品的呈现形式：颜色、对称性和整体艺术气质。就像烹饪中的竞争法则一样，物品的展示也是短租

游戏制胜的关键。

如何让你的住所看起来像一个奢华的度假胜地？这里有一些小技巧：

- 浴室里要放一块完美折叠的毛巾，一瓶洗发水和一个肥皂包
- 床头摆一块薄荷糖或巧克力，旁边放一张欢迎字条
- 冰箱里冷藏一打啤酒
- 厨房餐桌上放一个漂亮的水果盘，里面放一些苹果和橘子

现在就动起来 📍

快速环视一圈你的屋子。仔细检查每个房间，问问自己还差什么，有没有不需要放在里面的。列一张清单，该加的加上，该拿走的拿走。

让你的房子闻起来舒服

我最喜欢的酒店是香格里拉大酒店。他们总是提供无可挑剔的服务、豪华的住宿条件和美味的食物。但你知道我最难忘的是什么吗？每当我穿过那些精美的旋转门，我总感觉回到了家里。你知道为什么吗？就是那让人感到愉快和熟悉的香格里拉的气味。每次走入酒店大厅，扑面而来的都是一股清新香甜的气味。这让我感觉自己受到了欢迎。

这就是你为客人创造的气氛。需要让房间里充满吸引人的香味（但不要刺激鼻腔），这样不仅让你的客人感到安心，而且会让他觉得你的房屋非常干净。我推荐使用具有大众吸引力的中性气味产品。一些比较好的芳香产品举例如下：

- Glade 牌空气清新剂
- Febreze Noticeables 空气清新剂
- Hamilton Beach True Air 空气清新剂
- 香薰蜡烛（按最受欢迎的香味排列）
  - 巧克力
  - 干净的衣物香味
  - 薰衣草
  - 柠檬
  - 檀香
  - 苹果
  - 玫瑰
  - 椰子
  - 曲奇饼
  - 香草

投资房屋

你应该非常清楚为客人提供基础设施是必需的。基础设施以相对较低的成本，为你赢得客人极大的感激。也就是说，这个微小的投资将为你带来大量好评。

但是大件物品呢？朋友经常问我是否该购买 1000 美元的床垫或 3000 美元的平板电视。当然，这些都是很好的补充物品，但你应将所有采购决策视为投资工具。在决定是否购买昂贵的物品时，请考虑向客人收取的额外费用。

思考一下：比如你正考虑买一张新床垫。你现在的床舒适度一般，稍微有点磨损，而你中意的毛绒床垫要花费 1000 美元。该买吗？我们来考虑一下数字。

首先，你觉得客人愿意为更好的床垫支付多少钱？一天多一美元？两美元？这个问题没有直接答案，所以房东最好按照逻辑和常识来做判断。假设一张昂贵而舒适的床合理价值是每晚至少增加 3 美元。你的公寓每年出租大约 200 天，这个新增总额在两年后是 1200 美元，净利润为 200 美元。那么，你还要买床垫吗？朋友，没这么简单。

买床垫之前，也要考虑一下机会成本。例如，如果买一张价值 200 美元的记忆床垫，你也会同样把房租每天再提高 3 美元吗？如果是这样，两年后你可以赚取 1000 美元的利润！为了方便，我直接列出了几个关键项目，它们会大大提高你的成本收益率：

- 一台价格合理的液晶电视——400~500 美元
- 一张非常舒适的记忆床垫——100~200 美元
- 一台洗衣机——700~900 美元

留意客人的反馈可有效帮你做出最佳投资。从客人的评价和私信中寻找一些建议。对每个房东而言，这都是一个非常有价值且容易操作的研究方法。好好利用它。

客人如何进入你的房屋

酒店是可靠的。即使是三星级的酒店也有前台，可提供 24 小时服务。这意味着，新客人无论何时到达，都可以办理入住手续。知道有人时刻准备着为你效劳，这种感觉好极了。此外，如果钥匙一时找不到，客人可以以最少的代价在最短时间内拿到钥匙。

那么，在没有前台和雇用工作人员的情况下，怎样达到同样的服务标准呢？很简单。

无钥匙进入

放眼全球，最新潮流是安装电子锁系统。使用这一高科技锁，客人只需输入数字密码（或提供指纹）即可进入房间。随着客人入住和退房，你可以远程更改密码。特别是对于常年在外的房东来说，这是一个不错的选择。客人不需要任何人帮助，便可以自己完成入住（不过我还是建议房东最好提前主动跟客人问候一声）。

远程锁系统的另一个优点是，如果房门在较长一段时间内一直开着，它会向房东发送通知。不同品牌的电子锁有不同的定制化选择，用于消息传递和个性化设置。电子锁简化了整个入住程序，客人不必再担心钥匙丢失或忘记拿出房间。

在下页的表格里，我列出了一些电子锁产品供你参考。

远程锁

爱彼迎提供了一个很好的无钥匙入住解决方案，名为远程锁。远程锁允许你通过爱彼迎预订系统自动为客人分配临时入住密码。完成预订后，客人将在预订日期之前收到个人进入密码。该密码将在客人入住时自动激活，并在退房后自动失效。

有人使用密码时，远程锁还会向你发送电子邮件或短信提醒，以便你准确了解是谁在什么时候进入了你的房间。远程锁有三种不同

电子锁	价格（美元）	说明	照片
Resort-Lock RL2000	299	RL2000 在同等价位里是个不错的选择，最多可留存 800 名永久用户的代码，且可通过预编程序在特定时间打开和锁定。只要四节 5 号电池，安装后便可使用	
Lockitron	179	Lockitron 可在安装后将所有传统门锁变为智能门锁。它可以连接手机，发送定制消息。Lockitron 也可设置为通过发送手机短信来开锁	
Schlage Camelot 触屏门锁 BE469NX CAM 619	199	BE469NX 最多可容纳 30 位用户代码，可与 Nexia 家庭智能系统链接。 Nexia 提供无线摄像头、变光开关和全自动恒温控制器。BE469NX 还内置了防盗系统以及运动感知报警技术	
Kwik-set909 智能锁	130	909 智能锁安装四节 5 号电池，大约可持续使用六个月（根据使用情况和外部温度有所变化）。它采取背光式设计以方便用户使用	
iTouch-less Bio-Matic BM002U	300	BM002U 锁既能通过扫描指纹，又能通过输入数字密码来完成开锁。这种锁最多可记忆 150 个指纹和 78 个用户密码	
Schlage BE365V Cam 619	130	BE365V 锁在电子门锁系列消费者报告中的排名最高。它最多可记忆 19 个不同的用户密码，不需要提前设置程序，并非全自动开关锁	
Laykor YL-99	59	YL-99 比起其他锁而言价格更低，每次最多可记忆 10 个用户密码，开锁时有 LED 灯光提醒	

型号，价格从 249 美元起不等。要了解你的城市中是否有远程锁，请转到爱彼迎信息中心的"帮助"选项。有关远程锁的更多信息，请查看：http://remotelock.com/airbnb/.

锁和钥匙

如果你想设置一个标准锁和秘密钥匙访问系统，这里有一些建议。

首先，确保已准备好若干备用钥匙。我不是说两把或三把，去准备五把吧。这听起来多吗？下面我来讲为什么要这么多。第一把钥匙将一直供你或房屋管理员使用，确保紧急情况下可不受限制地进入房间。然后，要为客人准备两把钥匙（如果你真的想提供酒店般的便捷服务），这样，无论是白天还是晚上，如果同时接待多名客人，其出入会更加方便灵活。

接下来，你要准备第四把钥匙作为备份。这把钥匙是为了防止你自己的那把钥匙丢失，或要帮助临时找不到钥匙的客人。我建议将这把钥匙交给一位你信得过的邻居保管。现在轮到第五把钥匙了，这把钥匙应该由你（或房屋管理员）存放在一个固定的地方。拥有了这五把钥匙才算做到了充足的备份。为什么？如果你的客人碰巧参加了一个狂欢酒会，把酒高歌之际，不慎将两把钥匙都丢了，这时，你的备份钥匙就派上用场了。

客人丢失钥匙时，你应在第一时间把第五把钥匙给他，不要动第一把钥匙和第四把钥匙。接下来，你要马上带着第一把钥匙去钥匙店，再配两把（第一把钥匙还归你自己保留）。这样，即便新客人到来时那两把新钥匙还没配好，你仍可以用手头的那串钥匙来接待客人，而不需要打扰拿着第四把钥匙的邻居。这样你的一天便免掉了很

钥匙 1	钥匙 2	钥匙 3	钥匙 4	钥匙 5
房东 /	房客	房客	值得信任	房东 /
管理员			的邻居	管理员

大的麻烦，同时也避免了因客人没有钥匙无法入住而带来的差评。

此外，要确保你的锁和钥匙使用起来很方便。如果门锁不是那么容易打开，马上换掉。虽然你自己知道怎样打开，但要注意，并不是每位客人都明了你家门锁的使用方法。

空间管理

"你造了一个空间，（他们）便会来。"这句经典台词出自 1989 年那部关于"棒球与天使"的电影《梦幻之地》（*Field of Dreams*）。这句话同样适用于短租业务。当然，它忽略了一个要素：管理。当你的房间里已经物资齐全，你要想象即将迎接的是位非常挑剔的客人，要确保这位客人也同样认为你的服务十分周到。每一次新的客人到来前，你的房间准备一定要绝对完美。要想让每位客人都体会到无微不至的服务，你得花点时间来建立一个良好运行的管理机制。

主页监管

你的责任是将客人的预订信息熟记于心。如果潜在客人发邮件给你，那么你的义务就是要及时做出回应。回复及时与否会影响你的房屋搜索排名。因此，你得时常关注自己的收件箱。我建议设置特殊邮件过滤服务，以便尽快回复相关邮件。

我做交易员时，对与工作相关的电子邮件有一条原则：如果早上醒来后看到有相关咨询邮件，我一定会在一小时内回复。在我看来，回应及时是构成星级客户服务的重要指标。当然，你只要尽力就好，但我仍建议争取与潜在客人保持最好的沟通。

如果你和我一样，总是"在路上"，经常去查看收件箱对你而言可能比较困难。爱彼迎已创建了手机应用程序，来帮助在路上的你及时管理自己的爱彼迎账户。不管你是苹果还是谷歌的使用者，该应用程序都可以满足你的需求。

日常房屋清洁

记住：保持房屋整洁至关重要！请铭记在心！营销信息服务公司 J.D. Power and Associates 2012 年发布了一项探讨酒店行业客户满意度的调查。调查显示，影响客户满意度的最大因素是酒店的整洁度。客人对房屋卫生条件的要求很高，我建议你在每位新客人到来前，都雇用一位清洁工仔细清扫房间。即使你认为自己很整洁，我也强烈建议聘请一名专业人士。

清洁人员在离开公寓前，必须保证所有房间都已经彻底清理过了，所有的角落都一尘不染。注意：如果客人到来时，清洁工作仍在进行中，你的公寓可能会给客人留下不太好的第一印象。也就是说，你的好心可能会使效果适得其反。那么，你得确保和客人解释清楚，房间需要彻底清洁之后才能迎接客人入住。

我请的那位清洁阿姨在一家五星级酒店上班，因此，她的清洁标准很高。这位清洁阿姨追求完美，干起活来一丝不苟。她在意每一处细节，服务无可挑剔。我建议你也多花点钱请一位负责任的清洁工。随着你房屋搜索排名的提高，好评越来越多，这种高质量的服务必将给你带来更多的红利。

找到清洁工后，确保他知道你期望的最高清洁标准。我建议你指

导清洁工去特别留意几处重要区域。

首先,要保证基本清洁度,所有的毛发必须清除。即使你的公寓看起来一尘不染,床上或浴室里只要有一根头发,都会破坏客人的整体入住体验。我建议你为清洁工提供一个棉绒滚筒,以便在吸尘或拖地之前清除所有毛发,因为一旦头发变湿,就很难从表面清除它。

其次,确保浴缸中没有肥皂沫。一个脏兮兮的浴缸足以将任何爱干净的租客拒之门外。

最后,冰箱里不要存放未密封的食物或先前客人喝过的饮料,因为没有人会喜欢吃别人碰过的食物。因此,让你的清洁工把类似这样的东西都清理掉,除非是未开瓶的苏打水或啤酒,或者未开包装的食品。

如果你决定自己动手清洁,下面几条值得特别注意:

- 浴室和厨房需要花最多力气去清洁,要让这两个地方看上去闪闪发光,闻起来清新洁净
- 头发是环境相关差评中的高频词,在吸尘或拖地前,请使用棉绒滚筒,以确保地上不再有头发
- 清空冰箱(未开封的啤酒和预包装的食品除外)并整理干净
- 确保床单和毛巾在客人到达前洗净
- 使用没有污渍的白色床单,让客人对床单卫生放心
- 使用新的枕头套和羽绒被
- 每间卧室要放两套毛巾,包括一块小毛巾、一块手巾和一块大浴巾;在梳妆台上留一些空间;为客人提供空衣架

Handy:致力于提供专业清洁服务

Handy 可以帮你找到专业可靠的清洁工。Handy 上的专业清洁

工都拥有丰富的经验，待人友好，并且都已做过背景调查和投保。Handy 可以帮你在 60 秒内实现在线预订，第二天就可以为你安排清洁服务。如果你对 Handy 的工作不满意，只需让他们知道，他们便会退款给你。

Handy helps you get your home in order

1

Select the date and time you'd like your professional to show up.

2

We'll confirm your appointment and take care of payment electronically and securely.

入住办理

接待客人入住是一个关键环节。虽然简单，但不能忽视。接待不当一定会导致客人对你做出负面评价。

我曾在迈阿密租过一间公寓，那时我对其给出的价格很满意。当时我答应了几个朋友一起去参加南海滩的一场婚礼，很期待能在美丽的迈阿密开心地度过一周。但这次旅行很不愉快。我的房东很不负责任，对我的消息也没有回应，我不得不等待了近三个小时才入住。这使我后来参加婚礼也迟到了，并由此与房东产生了隔阂。更糟糕的是，房东并没有向我道歉。那次我非常生气和失望。

亲自接待入住

理想情况下，你应该亲自接待客人入住。虽然一年中大部分时间我都在路上，但在家时我都会亲自迎接我的客人。客人会对我的关心表达谢意，同时我也有更多机会去了解客人，并优化他们的入住体验。

如果有时间，你可以在迎接客人入住时顺便带他们参观你的公寓，并为其提供一些旅行参考建议。这不仅为客人增加了个性化的入住体验，也能为你的公寓带来好评。另外，不用说大家也知道，一定要做到准时。如果你告诉客人 12 点可以入住，那么你一定要在 11:45 前到达。

通常每次待客人安排好行李后，我都会请他们到附近喝杯咖啡。我会花一个小时了解他们，回答他们的问题，问问他们的旅行计划，等等。我并不仅是为了获得好评才这么做，也是真诚地关心他们。如果你和我的想法一样，增加这样的接触机会未尝不可。那样的聊天不仅有意思，还会给客人带来一种家的感觉。

然而，你一定要观察客人的需求和性格，任何行为都不要强加于人。如果你注意到客人很累或者比较内向，最好还是帮他们办理入住后就不要再占用其时间了。

外包

如果无法亲自帮客人完成入住，那么你需要找一个高度负责的人来帮你。这个角色很重要，所以请慎重选择。

合格的候选人应该：

- 具备社交能力
- 出现问题时可及时出现
- 负责、可靠、准时
- 住在你的公寓附近

有几种人选可供选择：（1）退休的邻居；（2）住在附近的亲戚；（3）好朋友。虽然可能你的亲友中有人愿意免费帮你做这些事，但请拒绝。有一句老话，"没有付出就没有回报"。如果你想要一个可靠、友善、高度负责，并且非常专业的人，你必须给出合理的报酬。

雇用水平一般的人可能会帮你减少很多成本。但如果他忘记接待客人，一时间又无法通过电话联系到，一两个小时后，你的客人将不可避免地入住一家竞争对手的酒店。一旦这样的事情发生，你几乎肯定会失去原本可以赚到的全部租金。但这只是冰山一角，你的客人还可能会给你一个不太友好的评价，以后的客人也都会看到。特别是当你还处于起步阶段时，这样的评价会拉低你的搜索排名。因此，你雇用的前台经理至少应做到准时，绝不应该发生不出现的情况。

让清洁工帮你接待入住

如果你足够幸运，找到一位不介意处理登记入住流程的清洁工，那也是个好办法。我自己就把登记入住手续交给了清洁阿姨。她是一个非常热心且负责的人，对当地情况也非常了解。这是个理想选择，因为她可以保证在客人入住前完成清洁工作。此外，不管客人遇到什么问题，找她总是没错的。

由于我雇用的清洁阿姨不仅负责，而且在接待入住时扮演着不可替代的角色，我给她的报酬也很优厚。比起在别的地方做清洁工，她

在我这里得到的报酬要高很多。为什么要这样做？正如我之前所说，
"没有付出就没有回报"。当然，她值得我付出那样的报酬，而额外奖
励背后的逻辑是，让清洁阿姨知道，我非常认可她的工作。此外，这
也能够激励她持续提供卓越的服务。

　　我给清洁阿姨的报酬是多少？每办理一次入住，我都会给她 85
美元。这可能看起来很多，然而，请让我解释值得这么做的理由。首
先，我的公寓每晚租金约为 200 美元。通常一个客人会住四晚，即
800 美元。85 美元是租金收入的 10.6％，我认为很合理。这个费用不
仅包含清洁工作和接待入住工作，它也能确保客人出现问题时你有一
个可靠的帮手。你的钥匙丢了？不要急，给我的清洁阿姨打电话，她
将在 15 分钟内赶到。找不到很棒的夜店或咖啡厅？给她打个电话，
她会给你一些有用的建议。我的 85 美元可确保客人享受面带微笑的
一流服务。不错吧？

　　除了帮客人处理问题外，她还会及时帮我补给家里的生活用品
（如卫生纸、清洁用品等），并帮助我维护家电和电子产品。由于我总
是出门在外，这样的安排非常重要。对我来说，这位清洁工帮了很大
忙，因此我也很推荐其他房东去找一个这样的人。

现在就动起来 ⚲

思考你认识的人当中有谁适合帮你处理入住事宜并承担清洁工作，列出一
份名单。给你附近的酒店打电话，让他们推荐一些清洁工。当然不要告诉
他们你的目的，就说你想找一位兼职的清洁工，请他们推荐面试。把你认
识的人和酒店推荐的清洁工做比较，然后再做出选择。

Keycafe：简化交钥匙流程

Keycafe 是一种不需要任何前期投入，或硬件安装就能帮你管理入住流程或租赁房屋的简便方法。 Keycafe 将你的公寓钥匙交给附近的咖啡馆来保管，客人到达后可在咖啡馆营业时间内随时领取钥匙。

Keycafe 通过盲识别系统可实现钥匙匿名保管，从而保护你的隐私。在咖啡馆，你的钥匙和个人身份信息、住址都不关联。 Keycafe 利用射频识别（RFID）技术对特定用户 ID 进行编码，只有 Keycafe 可以将钥匙重新连接到你的账户。

Proprly

作为一款免费手机应用程序，Proprly 可为房东提供可靠的清洁服务和交钥匙服务，以及流程管理。你可以通过 Proprly 了解每次服务的细节，从而感到安心。如果你想了解更多，请查看我与 Proprly 总裁亚历克斯·尼格斯的一段访谈。

退房

　　退房对于我的客人来说很简单。我不需要出现，只要告诉他们锁好门以及将钥匙放在邮箱中。随后，我的清洁工过来打扫房屋时会将钥匙取走。流程简单，快速。虽然这个办法对我来说很好，但我还是建议你，尽可能亲自办理退房。因为放弃亲自送客会有以下几个缺点：

　　首先，客人可能会忘记退还钥匙。这种情况我已经历过好几次。每次发生这样的情况后，客人都不得不将钥匙再邮寄回来。虽然最后拿到了钥匙，但通常都是客人回到家几天后我才能收到。这就意味着招待新客人时我的钥匙少了。

　　其次，你无法在客人离开前检查房间内是否有财产损失。一旦有损失，事后再要求赔偿会比较难。

　　最后，你也错过了与客人最后一次互动的机会。客人离开前，与他们聊聊天可使你获得一些诚实的反馈。另外，如果有照顾不周之处，你也有机会当面向客人致歉。只要表达出愿意解决问题的诚意，你就可获得一个不错的评价，进而提高搜索排名。

入住和退房时间

我建议遵循以下行业标准：在下午 3 点或 4 点办理入住，在中午 11 点或 12 点前完成退房，这样操作非常简单。此外，三小时的缓冲期可确保有足够的时间来清理房间。

根据我的经验，大多数客人会提前办理入住、延迟退房，或两种情况同时发生。这种情况下，只要时间表没有受到太大影响，我一般都会满足客人的意愿。但假如有一个新客人将在当前客人退房的那天入住，而当前客人又想延迟退房，那么我就不能同意延迟的请求，因为需要确保有两个小时给清洁工来整理房间。新客人到达时，我不能让公寓看起来毫无档次的样子。当拒绝客人延迟退房时，我会介绍他们到附近有免费无线网络的地方。同时，即使房间仍未清理，在中午 12 点前，我也会允许抵达的客人先将行李放下。

克里斯的故事

我曾是大型货轮上的一名医生，由于一年到头都在路上，我在加拿大不列颠哥伦比亚省拥有的那套四室公寓，一年中大部分时间都闲置着。

可能你也猜到了，在开始这份工作不久，我就决定把这套房子用作长期租赁。把其中三间卧室用于独立出租，每间卧室每月收取房租600 美元。理想情况下，我每月可获得1800 美元的房租收入。然而，三间卧室全部租出去很难实现，因为很少有人愿意和两个陌生人住在一个公寓里。于是，大多数时候，我只能收到1200 美元的租金。

2013 年夏天，我听说了短期租赁市场。经过一番研究后，我决定在爱彼迎上注册一个账号。然而，让我惊讶的是，在成为爱彼迎会员的第二个月，仅仅六个晚上我就赚了1800 美元！我获得的租金收入从那时起变得非常可观。

在听说爱彼迎之前，我除了把其他房间出租给他人，别无选择。而且因为我需要经常出差，一旦房间没有租出去，我还得为这个空房子还房贷。

选择短期租赁模式后，我的生活发生了巨变。由于获得了额外收入，我得以成为一个自由职业者，追求自己真正热爱的事业。在外出差时，我的房子一般都租给了游客、家庭或商人。如果我计划回家时遇到一群人有兴趣租我的公寓，我只需延长旅行计划，再开开心心地在国外玩几天，因为我知道这时候有人正在为我的房贷埋单。

这些租金收入不仅帮我偿还了房贷，并且大于70%的入住率还让我每个月都有了一定的现金流。这使我可以随时与爱人一起去我们想去的地方旅行。对我而言，这就是自由。

在我看来，短期租赁是未来趋势。它让你对房屋的使用更加具有灵活性。如果你花点时间来建立一个良好的爱彼迎账户，我相信你可以赚到比长期租赁更多的钱。此外，爱彼迎的保险条款可确保你在发生财产损失时获得补偿。而且选择短租的同时你同样拥有房屋的使用权，从这个角度来说，选择短期租赁也十分合理。

去年的12月假期，我把房子租给了一家人。当时由于短租市场供不应求，我获得的房租收入也更高。那段时间，我到加拿大西部看望父母。当然，住在父母家是免费的（除了帮忙买些杂货和晚餐），因此我省下了大部分的租金。陪伴父母几天后，我又和朋友去墨西哥的海边玩了两个星期。我们在海里游泳冲浪，在健身房锻炼身体，躺在沙滩上做日光浴，去当地的酒吧游荡。我在假期的租金收入不仅偿还了我的抵押贷款，支付了假期费用，还留下了一些结余。这简直让人吃惊。我现在可以半年工作，半年度假，生活充满了惊喜。

Get Paid for Your Pad

第 2 章

创建房源主页

许多小事被做大，都是借由正确的广告。
——马克·吐温

假设你的公寓位于某国际大都市，每年游客如织。很好。不仅如此，假设它还处在该城市最繁华的核心地段。太棒啦。我们继续假设你的公寓装修精美，每个房间都一尘不染，而且所有的家庭设施都是一流的。简直完美。但你知道吗？如果你的爱彼迎页面无法吸引潜在客人，这一切都是白搭。我们可以继续假设你的公寓拥有无数的附加值，然而如果你不重视爱彼迎房源页面的管理，你的短租事业毫无疑问会以失败告终。

房源页面对吸引客人查询及预订至关重要。房源页面是你展示自己的好机会，通过它你可以讲述自己的故事，介绍公寓情况，并且预回答那些可能被问到的问题。这是一个你能建立品牌、展现品质的黄金平台。尼尔森诺曼集团曾报道，普通网民停留在特定网页上的时间为 10~20 秒，这还不够阅读一页标准长度的小说！也就是说，如果爱彼迎用户在你的页面上能停留 5~10 秒，你就很幸运了。因此，要尽可能地言简意赅。

整租、单间出租或合租

创建房源页的第一步是决定如何出租。你可以整套出租，也可以出租其中的一间或多间。以下内容供参考：

- **整租：** 这一出租方式意味着你的整套公寓将只租给一组客人。这种方式很亲民，全球大约有 69% 的房东选择了整租。

小屋赚大钱

巧用一间房，一步步承接你的客户甲甲！

—

Get Paid for Your Pad

How to
Maximize Profit
From Your
Airbnb Listing

- **单间出租：** 这种方式表示在同一时间段内，你可以将公寓的每间卧室租给不同的客人，他们共享公寓内的公共空间。全球大约有 29% 的房东选择了这种出租方式。
- **合租：** 合租意味着像住学生宿舍一样，客人要共享一间卧室。对于那些喜欢穷游的人来说，这种方式很受欢迎。全球大约有 2% 的房间是供客人合租的。

选择何种出租方式取决于你的个人条件。如果你的情况是自己不在家时出租房屋，那最好选择整租。如果你要和客人共享公寓，那就得选择单间或者合租出租了。此外，如果你的公寓没有闲置的单间卧室，那你就得睡沙发，而把自己的卧室留给客人睡。这听起来有点让人无法接受对吗？如果你是这么想的，那就去看看第 9 章关于沙发客的故事吧。

如何选择取决于你个人的居住情况和喜好。在做出决定前先仔细考虑你想为客人创造何种生活环境吧。

图片

英语中有句老话，"一张图片胜过一千字"，许多小学生都把它挂在嘴边。简言之，人类是视觉动物。我们主要依靠自己的视觉去理解这个世界。对捕猎动物、解密历史、发明新技术，以及理解我们的同类等活动来说，视觉都是非常重要的工具。可以说，一张图片的作用远胜千言万语。

按照这一基本原则，任何客人在你的页面上都将首先注意到你所发布的那些图片。在搜索结果列表中，用户会看到你的标题及一张主要配图。这是赢得点击率的关键。因此，一定要确保拍出完美的照片。

提到拍照，我强烈建议使用爱彼迎的专业拍照服务。如果你所在区域支持这项服务，那就使用它吧。据爱彼迎统计，那些使用过这项服务的人比自己拍照上传的房东平均收入多出了 1.5 倍。哦，我差点忘记了……爱彼迎的拍照服务是完全免费的！并且，摄影师都非常专业！

一到两周后，你就会收到一整套好看的照片，从中选择一些上传到爱彼迎页面，并添加相关描述。

拍照之前，请确保已经完成以下工作：

- 彻底清理房屋
- 拿走没用的物件
- 视线之内没有电线
- 使用最好的床上用品

如果你所在区域不支持这项服务，那你就得自己拍一些照片了。下面是一些来自专业摄影师的建议：

- 调整灯光至最优
- 尽量使用自然光源
- 在光线并非直射的清晨或者傍晚拍照
- 每个房间的灯光尽量一致
- 调整焦距，保证房间内的所有细节都清晰可见
- 使用三脚架，以便在不牺牲图像清晰度的同时，拥有更长的曝光时间
- 在距离地面约 1 米的高度拍一些有杂志风格感觉的照片

- 拍照时角度不要有任何倾斜，否则会使线条扭曲

- 避免使用广角镜头

- 关闭闪光灯

拍完照片后，一定要确保使用拍得最好、最能反映房间情况的那一张作封面照片。封面照片通常显示的是卧室或者其他能展示公寓最好一面的地方。下面是我的爱彼迎封面照。

如果你添加的照片已经覆盖了所有相关的房间和设施，那再增加一些附近有趣的功能区的照片吧，比如一个有人气的咖啡厅，附近的公园以及热闹的酒吧。

如果你想展示一些重要数据点，图片也是一种非常有说服力的方式。例如，我的爱彼迎页面上可以看到一张测试网速的屏幕截图。对于那些需要快速联网而不中断的客人，这张照片一定有说服力。我还使用免费工具 www.floorplanner.com 制作了一张平面图，这样客人就能对可使用的空间大小了然于心。

对于每张图片，内容描述一定要恰到好处。要将每个房间的最佳功能体验清晰地表达出来，从而吸引潜在客人的目光。

提醒一句：切忌描述与事实太不相符。尝试从客人的角度来形容居住体验，这样潜在客人比较容易产生共鸣，从而增加你接收预订的机会。

3/28: Enjoy cooking? How about picking up some fresh local produce at the market just around the corner and cook some delicious food? The kitchen is perfectly equipped for cooking and has a dishwasher, a 5-pit stove, oven and microwave.

简介

租房对于房东和客人而言都是件私人的事情。家是个人空间的物理载体，将陌生人请进家门需要放下戒备并对其足够信任。同样地，对客人而言，踏入陌生的空间会有一种尴尬而不舒服的感觉。人类总是喜欢自己已经习惯的事物，熟悉感是舒适度的核心要素。

为减轻这种不适感，你需要让潜在的客人有机会在个人层面上对你多一些了解。简介板块就是展示你真实一面的好机会，它可以让客人与你建立一种虚拟的联结关系，他们的大脑会因此变得放松，从而更有可能预订你的房间。

请尽量将你的每个细节都写在介绍语中。描述你的职业、爱好、喜欢的音乐或电影，等等。你永远不知道其中哪一点会吸引潜在客人的目光，因此介绍要尽量详细。

最后，你还可以录制一个关于自己的 30 秒钟短视频上传到房源页面。尽管大多数游客不会点视频，我仍建议你花时间录一个。为什么？因为对那些想要了解你真实情况的客人而言，这是非常重要的一个参考。

个人照片

一定要上传一张你自己的高质量照片。什么是高质量照片？以下是几个衡量标准：

- 照片清晰度高
- 你正在微笑
- 露出面部和眼睛
- 头发梳理整齐
- 身穿商务休闲装

如果你认为这些都是常识，那么你太棒了！但不得不说，很多人的照片都没有达到这些标准。我见过拍照时挡住脸的、穿奇装异服的，还有表情狰狞的。为了你自己好，请不要上传像怪物一样的照片。

设计自己的爱彼迎标识

为创造更加个性化的体验，爱彼迎房东可为自己的房屋设计品牌标识。这是个用创意表达自我的机会。此外，它也让潜在客人从另一个角度了解你和你的房屋。爱彼迎网站上有一个很好用的编辑器可以帮你设计自己的品牌标识。

名字和描述

在确定名字、填写描述前，先停下来想想你的主要受众是谁，想象一下你的公寓及公寓位置会吸引哪类人群。如果你住在比较安静的街区，周围还有一些公园，这可能会吸引那些以家庭为单位出游的人，或者年龄较大的旅行者。如果靠近夜生活丰富的繁华街区，那么你的公寓会对那些"周末勇士"或喜欢聚会的年轻白领极具诱惑。如果你的公寓装修别致，给人温馨惬意之感，那可能对热恋中的情侣或夫妻而言，它会是旅行中不错的驿站。

核心理念是发起有针对性的营销活动。如果你想吸引所有人，最后的结果很可能是一无所获。以我自己的公寓为例，我的公寓内有两间卧室，这两间卧室相对分布，中间由一个楼梯以及公共空间分隔开来。这样的屏障就为我的客人创造了一种隐私得到保护的感觉，因此这样的房间对结伴出游的夫妻而言是理想之所。于是，我特意在标题里加了"夫妻乐园"的字样。

此外，你也可以利用标题去吸引那些你想吸引的人。若你更愿意接待那些爷爷奶奶，可以试着在标题里加入对这类人群具有吸引力的字眼，比如"静谧的夫妻度假地"等。

名字

所有可以市场化的产品都有其名字。苹果公司将其具有革命意义的手机命名为"iPhone"。以一位罹患癌症的高中化学老师为主人公的、突破性的电视剧被命名为"绝命毒师"。全球几十亿人吃过的麦当劳汉堡也有一个响亮的名字——"巨无霸"。成功的产品都有一个好名字，固然产品质量很重要，但名称听上去是否充满智慧和吸引力，将直接影响客户会购买还是错过某个优秀的产品。

名字既要引人注目，又要具有针对性，从而使用户能主动点击进

而深入了解你的公寓。建议名字中使用描述性的词语和修辞，比如
"绝佳位置""奢华大气"或者"设施便利"等。思考你的房屋最大优
势和最独特的地方在哪里，然后把它们融入公寓的名字里。

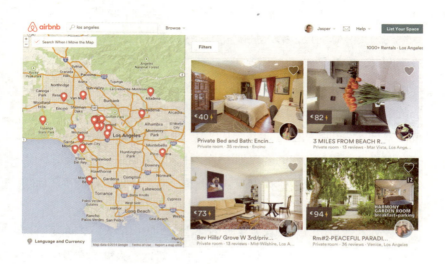

好名字要能实现两个目标：（1）吸引读者眼球；（2）提供一些与
公寓相关的关键信息。我见过各种各样的公寓叫法，有人把他所在城
市的名字或者街区的名字也放在了公寓名里。这些都不合适，因为城
市和街区在搜索结果中通常都一目了然。

下面这张表列出了一些名称比较好的民宿，它们分布于世界各
地。表中所列全都是当地搜索列表中排名第一的。

吸引客户需求的最好方法是根据季节变化调整房屋名字。因为客
人通常只有在旅游的那一两个月才会预订住宿。这时，你可以根据当
地即将举办的一些活动来适当修改房屋的名字。仔细想想哪些季节、
哪些活动会更吸引散客或旅游团前来参观。下面我举了两个例子：

国王节，阿姆斯特丹——庆祝国王生日的那一天。虽然这个节日

房屋名称	所在城市
沙滩上的豪华单间，带泳池	洛杉矶
豪华公寓楼里的精致小单间	纽约
艺术家的湖畔小屋	芝加哥
便利套房，近市区 / 公园	温哥华
摇滚爱好者之家	多伦多
埃菲尔铁塔下的静谧家园	巴黎
大本钟旁的温馨小舍	伦敦
三卧八床市区公寓，带 Wi-Fi、空调	马德里
市中心的波希米亚家庭	罗马
多瑙河畔的奢华公寓	布达佩斯
现代风宽敞公寓 & 视野广阔	赫瓦尔
安静、宽敞的大卧室	斯德哥尔摩
两卧豪华公寓，距沙滩一个街区	里约热内卢
布宜诺斯艾利斯最佳居所	布宜诺斯艾利斯
阁楼套房——风景迷人	麦德林
视野宽广的高层公寓	圣地亚哥
奢华两卧泳池别墅，景色醉人	巴厘岛
依靠手机 Wi-Fi 步行至六本木	东京
时髦法租界旧址（单卧 + 单车 + VPN）	上海
蜜月别墅 / 完全隐私保护	普吉岛

名字没有太大创意，但每年还是会有大量来自欧美国家的游客前来参观。如果在国王节到来前几周我的公寓仍未租出去，我就会把房屋名字改成如下之一：

- 国王节最佳参观位置
- 国王节核心庆祝点

- 国王节两卧豪华公寓

狂欢节，里约热内卢——巴西狂欢节是全球最盛大的节日之一，每年都有无数游客从世界各地慕名而来。以下几个名字可供参考：

- 狂欢节中心地带豪华两卧套房
- 阳台上可观赏狂欢节游行
- 狂欢节最佳位置

描述

如果你已通过照片和标题吸引来了潜在客户，那你的描述就是拿下订单的关键。你可以借助这个机会，通过形象生动的语言向潜在客人描绘你的房屋情况、生活设施，以及周边环境等。我建议你在这部分多花点心思，尽量解答潜在客人可能会问到的所有问题。

描述介绍应包含以下内容：

- 房间面积
- 卧室数量
- 卫生间数量
- 户外空间（比如阳台、庭院、门廊等）
- 房间描述
- 所在楼层
- 是否有电梯
- 公共交通便利与否
- 附近是否有超市
- 是否有停车位

再次强调，这是你与客户交流的机会，要尽可能详细地介绍房间的每一个细节。多大的床？厨房里有哪些家电？浴室是否有浴缸，还是只有花洒？如果说房间的"名字"是印有你名字和专业的学历证书，那描述部分就是你的博士论文，一份深入详细的介绍。

最后，在描述房间及其便利设施时，要尽量使用正面积极的词汇。除描述客观事实外，辞藻也要尽量丰富一些。

欠佳措辞	优秀措辞
"本屋带阳台。"	"看了一整天的风景后，坐在阳台上，畅饮一杯冷饮，欣赏落日，再惬意不过了。"
"我的公寓内有一个卧室，一个卫生间，还有一个厨具和调料齐全的大厨房。"	"公寓内一尘不染、装修别致。内含一间惬意的双人卧室、一个灯光明亮而宽敞的卫生间和一个时尚大气的客厅。此外，厨房内各色厨具和调料应有尽有，包你可以做出美味的大餐。"
"这个公寓是我以前住的地方，我在上面花了很多心思。我买了新的家电，并重新摆放了家具。"	"这间公寓过去是我的私人住所。因此，它不是一个简单、没有特点和想象力的空间；相反，房间都是我精心设计的，各种家电质量上乘。这里宁静的氛围一定会让你不虚此行。"
"房子附带一个很好的平台，有座椅和烧烤工具。还有一块人造草地。"	"当你走出厨房后面那扇法式玻璃门，会发现这喧嚣的城市还有一块静谧之地：一块铺着人造草坪的平台，上面摆放着几张别致的座椅。温暖的夏日夜晚，在这里开一场烧烤派对再好不过了。"

虽然你想让自己的房屋主页看起来极具吸引力，但切忌言过其实。为确保你所提供的信息真实，爱彼迎特别策划了一个评分类型——如实描述。如果你的描述过于夸张，误导了客户，你的整体评分也会降低。

194 Reviews ★★★★⯪   Search reviews

Highlights   Location (88)   Restaurant (56)   Clean (52)   Recommend (51)

Host (39)   Area (33)   Comfortable (32)   Spacious (31)

Arrival (25)   City (23)   Neighborhood (21)   Kitchen (18)

Bedroom (12)   Internet (10)   Cozy (8)

Summary   Accuracy   ★★★★★   Location   ★★★★★
             Communication   ★★★★★   Check In   ★★★★★
             Cleanliness   ★★★★⯪   Value   ★★★★⯪

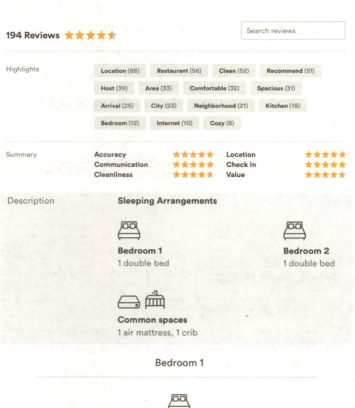

Description   **Sleeping Arrangements**

Bedroom 1   **Bedroom 2**
1 double bed   1 double bed

Common spaces
1 air mattress, 1 crib

Bedroom 1

Double

King	Queen	Double
0 ▾	0 ▾	1 ▾

Single	Sofa bed	Couch
0 ▾	0 ▾	0 ▾

more options

Cancel   Save Bedroom 1

少承诺，多兑现。这样虽然短期内你会损失一些订单，但当你的房屋"如实描述"评分变高时，你的房屋排名将不断提高，从而成为你强有力的投资工具。

比如，你家里的网速相对较快，那就不要将它描述为"很快"。如果你描述为很快，一些商务人士可能会因此选择你的房屋。当他们发现你家的网速并没有他们想象中那么快时，你猜会怎样？你收到的评论将是毁灭性的。不仅"如实描述"评分会受到影响，他们糟糕的情绪还会扩散到各个方面，影响其他评分。但这已经是最好的情况了。那些只对网络有要求的客人，一怒之下便会离开，而你将不得不全额退款给他们。

最后，请记住我们生活在一个信息碎片化的时代，人们习惯于快速高效地获取有用信息。因此，请首先介绍那些与客户最相关的信息，然后再慢慢细化。一定要记得，缺乏耐心的读者最多只浏览前面三行字。为照顾不同人的需求，组织文字时要把最重要的细节放在最前面。

"住房守则"

如果你想做一个开心的房东，就得让你的客人尊重你家里的一切。明智的做法是建立一套"住房守则"，从而确保客人可以满足你的要求。"住房守则"并不是一些显性而不受欢迎的规则，而应当囊括客人所不知道的社区守则或公寓楼守则。比如，如果你的邻居希望晚上 11 点后不要大声播放音乐，这一条就可以写入你的"住房守则"。或者如果你所在的公寓楼禁止在阳台上吸烟，那它也应当写进"住房守则"。让客人明确应当遵守的规则，有助于提升双方的整体体验。

最短和最长居住时间

在爱彼迎房源页面你可以为潜在客户设置最短和最长居住时间。你会发现很多受欢迎的公寓设置的最短居住时间是两晚或三晚，这样做可使收益最大化，并减少麻烦。

然而，如果你刚入行，几乎还没收到过评价，那我建议你设置最短居住一晚。为什么？坦白地说，有一句话叫"乞讨者没有选择权"，刚刚开始爱彼迎业务时，你的大门应当经常打开，从而有效地建立品牌。起始目标应当是尽可能地获得好评和高分，从而使排名不断提高。

至于最长居住时间，我建议设置为一周，特别是对新手而言。这样做的目的是让你的短租业务具有流动性，同时也为客人度过长假提供充足的时间。即便是对那些已经入行很久的爱彼迎房东而言，增加最长居住时间也没有太大意义。为什么呢？理想情况下，你的房租价格应该固定在某个数值，而此时客人会觉得租住两周或一个月太贵了，于是选择放弃。而如果你的房屋此时处于供不应求的状态，房租又容易设置得偏低。

当天订房与准备时间

关于是否可以入住及入住多少天，爱彼迎赋予了房东选择权。在爱彼迎的日历页面房东可进行相关设置。

退房当天的预订——大多数房东都不接受在客人退房当天的房屋预订，因为这很可能导致手忙脚乱。此外，短时间内找到清洁工也比较难。关于如何处理退房同天的房屋预

在房客抵达前，您需要提前多久收到通知?

2天

小窍门：至少提前2天通知能让您为房客的入住做好准备，但您可能会错过最后一刻的住宿预订。

房客什么时候可以入住?

从：   到：

15:00   选择时间

订，根据你的个人喜好，有以下三种选择：（1）"可以"，这意味着你同意当天的入住请求；（2）"我不接受当天的预订"，这意味着你不同意退房当天的入住请求；（3）"当天或第二天预订房间，我都不接受"，这意味着在接受下一位客人入住前，你还有两天时间可以准备。对我个人而言，我允许当天预订房间，原因只有一个——我雇用的清洁阿姨能够并且愿意接待这样的入住请求。不过我很少接受当天的入住请求，因为我的公寓需求热度总是很高。通常情况下，当天的房屋在一个月前就已经有人预订了。

准备时间——就像不想接受最后一分钟的订单一样，房东也会尽量避免一些不便的安排，从而不影响房屋准备时间。如果在同一天内有人退房也有人要入住，房屋清洁和准备时间就会很紧张。根据个人情况，你可以选择：（1）"不需要"，即可以接受订房，不需要准备时间；（2）"每一次房屋预订前/后一天不接受预订"，这样就可以确保你有充足的时间迎接新的客人；（3）"每一次房屋预订前/后两天不接受预订"，这样你就获得了两天的缓冲时间。对我个人而言，我接受连续预订，因为我的清洁阿姨总能确保在下一位客人到达前完成准

备工作。同时，我也要求我的客人在中午 12 点前完成退房，且入住时间设在下午 3 点以后。这样，清洁阿姨就有至少三个小时去做相应的准备工作。

可提前多久预订房间?——如果你和我一样经常行走于世界各地，客人提前多久预订房间，可能对你而言没有太大影响。我一年中的大部分时间都是在北美和亚洲度过的。因此，我在阿姆斯特丹的房子何时可供我入住并不重要。然而，对另外一些人而言，房间提前三个月被预订可能会严重影响他们对生活和工作的安排。如果你想限制客人预订房屋的时间，有以下四个选择：（1）"任何时间入住都可以"，即不限制；（2）"我希望客人三个月内入住"，这样就会限制客人最多提前三个月做出旅行计划；（3）"我希望客人六个月内入住"；（4）"我希望客人在一年内入住"。由于自己特殊的生活方式，这些选择对我都没有影响。对于有家庭或者生活关系相对复杂的人而言，就需要仔细考虑后再做出最优选择。

取消订房

爱彼迎提供了六种取消订房的方式：

1. **灵活政策**——客人在到达前一天取消预订，可获得全额退款。
2. **宽松政策**——客人在到达前五天取消预订，可获得全额退款。
3. **严格政策**——客人在到达前一周取消预订，可获得最高 50% 退款。
4. **30 天严格政策**——客人在到达前 30 天取消预订，可获得最高 50% 的退款。

5. 60 天严格政策——客人在到达前 60 天取消预订，可获得最高 50% 的退款。

6. 长期政策——应先缴纳首月定金，如要取消预订，须提前 30 天通知房东。

如果你刚开始使用爱彼迎，我建议选择灵活政策。站在客户的角度，灵活退租是促使他们做出预订最简单的方法。即便你的房屋尚未收到过评价，这一政策也会促使顾客做出预订决策。此外，因为你是爱彼迎新房东，收到的预订信息相对零散，即使客人最后一分钟取消预订，对你也不会有太大影响。然而，对那些供不应求的房子来说，临时取消预订，房东机会成本会很高。

如果你的房屋入住率已达到 80% 以上，那就可以考虑调整为宽松政策。因为，从入住率来看，你的房屋信誉已基本建立。也就是说，你已有底气劝阻客人取消预订，因为你的房屋需求水平已足够高。另外，如此高的入住率意味着取消预订会严重影响你的盈利。如果你不确定是否要将"取消预订"的选项调整为宽松政策，那就去回顾一下过去三个月你的房屋取消预订的情况，如果取消的比例高于20%，那就建议调整为宽松政策。

至于后面的严格政策、30 天严格政策、60 天严格政策以及长期政策，我全都不建议采纳（除非当地制度或公寓楼有要求）。站在顾客的角度，这些政策都有很强的限制性，让人感到不舒服。你住过的酒店中有这种强加于顾客的规定吗？在整个产业都以热情好客为标准的时代，这样的政策已完全偏离轨道。此外，如果你确实想将自己的房屋用作长期租赁，那些公寓出租网站可能会更适合你。

创建一份"房客指南"

在爱彼迎平台上，房东可选择创建"房客指南"。在管理主页上你可以找到这一选项（见下图）。

这一页可方便房东向客人做一些推荐。你可以加上咖啡店、饭店、旅游景点，以及其他任何你认为客人会感兴趣的事物。"房客指南"一经创建，客人在浏览你的房屋主页时便会看到。

迈克尔的故事

过去几年，我在旧金山一家很有竞争力的科技公司工作。我非常忙碌，常常不知不觉地发现自己一周的工作时间超过了 80 个小时。

我的工作有一个好处是每个月有两周的出差时间。虽然总能去新的地方让我感到开心，但我很快就开始忧虑了。我每月背负着 2650 美元的租金压力，却只能在家住半个月。于是在和一些朋友以及爱彼迎的满意客户交流后，我决定也试一下爱彼迎。很开心我的爱彼迎初体验还不错，每个月我都能从爱彼迎上收回一大笔租金。而且还有一点好处，每逢周末我都会出去玩，因为知道自己可以轻易赚回那些机票费用。

最开始在爱彼迎出租房屋时，我将价格定为每晚 150 美元，后来很快就提高到了 200 美元。我注意到房间需求仍然很大，因此也许我会慢慢地将价格调整至 250 美元。

我发现爱彼迎操作起来非常简单、直接，易于使用，于是我开始不断完善公寓介绍。爱彼迎上有许多定制化的选择可以帮我吸引潜在的客人，降低风险，同时也将利润最大化。他们还派了优秀的摄影师为我的公寓拍照！爱彼迎使用起来真的很方便，我非常开心！

Get Paid for Your Pad

第 3 章

租客和单层公寓所有者
如何开始爱彼迎短租

当我们自己散发出光芒时，我们在无意识中也让他人散发着光芒。
当我们战胜自己的恐惧时，我们的存在实际上也解放了他人。
——玛丽安娜·威廉森，心灵导师、作家、演说家过去几年，我接触过世界各地许多由租客变成爱彼迎房东的人。一些人将其整个出租房都租出去，而自己去环球旅行；一些家庭将闲置的卧室出租以增加收入；还有一些人租了许多不同的房屋，只为将其放在爱彼迎上再出租。在这些不同租客的案例中，他们首先想到的问题是："我应该告诉房东吗？"好问题。

最意味深长的回答是（请鼓掌）：看情况。答案可以不同，依据是：（1）你所在城市是否允许房屋短租；（2）你所在社区对这种商业／服务模式是否许可；（3）你所在的公寓楼是否允许 60 天或 90 天以内的二次出租。对于许多租客而言，房屋是否允许进行再出租仍是一大块灰色区域。

尽管也许你所在城市或街区允许房屋短租，但很有可能你的房东或公寓管理委员会并不允许房屋转租，除非转租租期在 60 天或 90 天以上。

如果是这样，你将有三个选择：（1）放弃爱彼迎；（2）联系房东、大楼管理人员或者公寓管理委员会，以确保允许将房屋用于短租；（3）私自将房屋用于爱彼迎短租。每个人面对的情况不一，没有通用的解决办法，因此最好根据自身条件，深思熟虑后再做出选择。

选择 1：放弃爱彼迎

如果你不想因为在爱彼迎上做房屋短租而给自己造成麻烦，可能你应该选择放弃爱彼迎。但我们还是现实点吧，能来阅读这本书的大部分人，都已在心里准备好处理短租房的各种细节问题。那么，我们来继续看第二种选择。

选择 2：征求许可

现代社会已经程序化为了规定哪些行为是可接受的以及依照这些规定来做事。人们通常渴望自己的行为被认可或允许，很少有人与制度抗衡。事实上，对抗制度也会造成焦虑。人们希望融入大流。因此，作为"未来主人"的你，自然会想和你的房东争取到短租许可。若能得到房东的许可，你的爱彼迎生意将从泥淖之地走入光明之所，得到社会认同。但你得做好最坏的准备，有几个问题需要考虑。首先，通过房东许可的可能性不大。在和各类爱彼迎相关的企业、公寓管理者以及全球各地数百位爱彼迎房东交流后，我可以毫不含糊地告诉你，多数房东和公寓管理委员会都不同意房客将其房屋用于短租。为什么？因为他们几乎得不到任何好处。

如果你是公寓管理委员会的成员，那处境将会更加窘迫。管理委员会会认为爱彼迎短租房将给公寓、公共空间以及楼里其他居民带来麻烦。许多公寓管理委员会认为公寓大楼是安全社区，杜绝了外人及潜在的破坏分子进入。他们认为短租是主动邀请陌生人进入，会破坏原本祥和安宁的社区环境。不管条件怎样改变，人们都担心最坏的事情会发生。

如果你是直接和房东租的房子，那么获得允许的可能性会比公寓管理委员会大一点。虽然房东会有与公寓管理委员会相似的顾虑，但相对而言，说服房东会容易一些，因为房东的权利是单边的。如果你希望他同意你将其房屋挂在爱彼迎上用作短租，那你只需解释这样做对他有什么好处。不知道怎样做？不要害怕，下面的内容或许会给你灵感。

然而，请记住这不是华尔街式的专门编造好用来骗人的剧本。我要展示的是过去几年使用爱彼迎的房东所遇到的一些冰冷的事实。下面我直接列出了一些可以帮你搞定这笔艰难买卖的方法。

对于刚开始使用爱彼迎租房的人，首先你的房间应当是整洁无瑕的。如果你对这一点有疑问，那么请查看本书中关于保持爱彼迎空间整洁的那一章内容。清洁仅次于虔诚[1]，在房屋短租时，除了房东的地位至高无上外，接下来就是保持清洁了。从事爱彼迎短租也可确保你定期对房屋进行专业清洁，并确保家电及各种家具都可正常使用。如果房东没有做到这一点，那其爱彼迎短租生意也必定是短命的。这样做同时也意味着你的租客会成为模范租客，当他们离开时留下的仍然是一片整洁的空间。

如果你的房东并不关心爱彼迎短租有助于其房屋保持清洁，你可以让他参与到你的房屋收益分红里面，也就是说，你要把从爱彼迎挣到的房租利润分给他一点。我见过无数爱彼迎房东，他们都乐意将其所赚利润的 10%~30% 分给自己的房东。即使分出去了一部分利润，剩下的利润仍然比房租成本高很多。

以上两种办法可以帮你极大地提高得到房东同意的可能性。如果他想要看到更多的证据，欢迎向他推荐我的播客——Get Paid For Your Pad，上面有我对近 100 位不同类型房东的采访。几乎每一位受

---

1 译者注：清教徒中流传着这样一句话："清洁仅次于虔诚（Cleanliness is next to Godliness）。"

访者都可以证明爱彼迎短租无论安全性还是可靠性系数都很高。房东不仅会惊讶地发现，租客们都十分自觉有爱，而且他们在认识了这些来自世界各地的新朋友后自己也出去旅行了。

如果你正挣扎于不知如何让房东相信爱彼迎带来的共赢利益，那么一定要读一读下面的故事。阿根廷本地人迭戈曾成功说服了很多位房东同意其在爱彼迎上出租房子，或许你能从中得到一些灵感。

最后，如果你仍未说服房东，依然可以去爱彼迎上建立房屋主页。但我并不建议这么做。如果房东发现你没有尊重他的意愿，那么你可能会面临被逐出其公寓的可能。诚然，幸运的话，房东也许会给你第二次机会，但这依然有很大的风险。如果你选择了这条路，请谨慎前行。

选择 3：未经许可即经营

著名计算机科学家、海军少将葛丽丝·霍普曾说："征求原谅比得到许可要容易一些。"这并不是支持人们去犯错或与体制抗衡。葛丽丝·霍普的言外之意是，有时候，如果大胆去做就能把握成功的时机，那么最聪明的做法是立即行动从而使成果最大化，而不是小心翼翼、瞻前顾后而导致错失良机。

我有一位老朋友，他在中国生活了很长时间，有一次他给我讲了一个故事。有两家美国连锁超市都想在中国市场占得一席之地。我们分别用"超市甲"和"超市乙"来指代这两家超市。超市甲的策略是先进入中国市场，再慢慢处理中国的法规要求。这家超市由一群具有叛逆精神的年轻人在运营，他们在北美被视为商业天才。这些年轻人没有纠结于中国的繁文缛节，大胆地在人口集中地段买下了几座大楼，建立了一条供应链，此门一开，超市甲的生意便如火如荼地发展起来。直到有一天，执法人员发现了这家未经官方许可而经营的企业。那么，超市甲后来怎样了呢？我们等一下再看。现在我们看看超市乙。

超市乙由一群行业内富有经验的人领导着，这些人已在美国和欧洲成功建立了许多连锁超市。他们照例先仔细研究了中国市场的许可政策和诸多文件，并雇用了律师、会计师和政策咨询师来帮助他们。然而，超市乙最后还是困死在了一些复杂烦琐的行政规定上。他们并不知道外国企业在中国注册食品公司顺利通过行政许可的难度非常大。经过几年的挣扎，超市乙的管理层认为，在中国注册企业的成本太过高昂，于是停止了所有努力，永久关闭了其中国业务。

现在我们回头看看超市甲。悲观的人可能认为超市甲的管理层会被关在中国某处破旧的监狱里面。请你们再想一想：是的，有关部门发现了超市甲未经许可即经营的问题，然而，他们也意识到，超市甲的生意正势如破竹般地成长起来。与不同政府部门几轮协商后，最终，超市甲成功得到中国政府许可。于是，超市甲不断发展壮大，在中国不同城市陆续建立起连锁店。

很好的故事，对吧？当然，在这里我保证不是让你去做无视法律法规的事。相反，我建议大家都遵守法律规定。也就是说，如果你想在未经许可的情况下采取行动，你要先认真考虑以下几个问题。

1. 如果被抓到会面临怎样的法律后果？ 你可能会因未经许可在爱彼迎上将房屋短租，被处以不同程度的罚款或其他惩罚。处罚轻重依据你所处的国家、城市或乡镇的不同而有区别。我建议你先了解清楚当地法律，再决定下一步如何行动。我采访过许多未经任何允许直接从事爱彼迎业务的人，其中大多数只是被罚了一点钱。然而有一些人则遭受了严重的财务处罚，特别是在迈阿密海滩附近出租房屋的那些人。因此，要了解你所在地区的法律规定，有任何不明白的地方可咨询专业律师。

2. 你所在大楼对这种做法有怎样的惩罚措施？ 如果你想知道短租可能带来的不良后果，先去查看一下房屋租赁合同 / 大楼守则，从中你或许能找到未经许可将房屋短租的潜在风险。一般而言，如果你所在大楼禁止将住房用于短期出租，你将可能面临高额的罚款或被驱逐出去。

为合理评估风险，请思考以下几个问题：一旦被罚款或被驱逐，将在多大程度上影响你的个人生活？罚款造成的影响取决于罚款数额多少以及你从爱彼迎上每晚赚取的租金。这是你个人的成本效益分析，你的最终决定将取决于该分析以及你的处境。而被驱逐的风险就更加需要仔细考虑了。

被驱逐出房舍会带来较为负面的影响。首先，对于刚开始经营爱彼迎的人而言，被驱逐的记录将严重影响你个人的信用评分。影响多大取决于你现有的信用评分及许多其他因素，但肯定不会是积极的结果。其次，被驱逐也会影响你赢得一份高薪工作的可能性。据在线信用积分查询公司 Credit Karma 介绍，被驱逐将使得"某些企业在你的信用报告上标记红旗"。最后，被赶走也会使你在租赁新公寓或房屋时举步维艰。

除以上所有负面影响外，被驱逐也意味着你失去了现有的住所。如果你很喜欢那个地方，不能继续居住会令你十分痛苦。一个理想的情况是，如果你正准备订婚或结婚后搬到伴侣那里住，你可以先不要取消租约，而将房屋用于爱彼迎短租。如果你已经有了另一处住所，那被驱逐所造成的影响就会小很多。而如果你已经购买了一套自己的房子，那么负面影响更会大大减少。

如果你决定接受可能的风险，在未经许可的情况下将房屋挂在爱彼迎上出租，那么你的目标应当是尽量减少被发现的可能性。另外，在此我明确表示不倡导在未经许可的情况下出租房屋。我坚定地认为以正确的方式做事情才能支撑起健康公平的商业生态系统。然而，如果你仍然选择未经许可即进行房屋短租，下面的一些思考与建议或许可以帮助你。

1. 谨慎选择租客——最有可能导致你被发现的原因是邻居的投诉。为防止这样的事情发生，在接受预订前你应仔细评估潜在的租客。不要将房屋租给一群人，特别是当你感觉他们会对周围邻居造成干扰的时候。我并不是年龄歧视，只是二十多岁的人更有可能利用你的空间去开派对。聚会前喧嚣的游戏环节，或聚会后的余兴派对毫无疑问会在你的客厅举行。在我看来，要降低被发现的风险，租客年龄越大越好。此外，在接受预订前，问清楚客人为什么来这座城市。他们是来旅游，还是看望亲友，抑或参加朋友婚礼？嗯……如果是去参加婚礼，我会觉得这个租客比较糟糕。大老远飞到加利福尼亚州只是为了参加连续三天无休止的音乐派对、跳舞狂欢？似乎拒绝的警钟应当敲响了。

2. 制定严格的"住房守则"——确保客人知道家里禁止举办聚会。再明确一点的规则是，晚上 10 点以后请保持安静。制定这些规则后，客人将不会邀请其他人进入你家中。

3. 通知邻居——无论你和邻里的关系如何，最好提前通知他们你在做房屋短租生意，这样即使经常有客人进进出出，你的邻居也不会感到大惊小怪。定期和邻居联系，询问是否客人有打扰到他们。如果有任何问题，最好的解决办法就是意识到它们的存在。如果问题不断发酵，它可能会使你的邻居直接联系你的业主或公寓管委会，这对你以及你隐藏的爱彼迎生意必将是巨大的灾难。

迭戈的故事

我的祖国在阿根廷，在阿根廷上大学的最后一年我才意识到我马上就要去找工作了，这让我有些悲伤。随着毕业临近，周围的人一个接一个都找到了工作。尽管我对找到一份薪水很高的工作并不感兴趣，但长远来看有一份工作才是负责任的人生。然而，在开始找工作前，我想立即动身去美国玩一圈。在进入成年人的日常生活前，我需要这最后一次疯狂的体验。也是在这次命中注定的旅行中，我第一次听说了爱彼迎。当时只觉得爱彼迎的主意不错，并无其他想法。

回到布宜诺斯艾利斯后，我需要租房子来继续完成学业。但不幸的是，对当时的我而言，找到一个合适的住所非常困难。因为首先我还是学生；其次，我的家人都不愿意帮我签租约。我找了很久，才终于说服了一位房东同意我租住他的公寓。一个问题解决了，但另一个问题依然存在——钱。我没有工作，不久就付不起房租了。也许房东最开始拒绝租房给我时就想到了这点。

我当时处境窘迫，选择很少。对找工作的态度三心二意，于是也没有什么好结果。我听说有些人通过将房屋短租走出了困境，于是想，为什么我不可以呢？因此决定去试一下爱彼迎。我告诉了房东这个想法，他并没有很感兴趣，但也没有其他选择，因为他知道这可能是我能付给他房租的唯一方法，如果不让我冒险那就得拖欠租金了。不错的谈判技巧，对吗？一经房东同意，我就把房子挂在了爱彼迎平台上，每个周末出租出去。如果有客人来，我就去附近朋友家过夜。

随着我在爱彼迎上房屋评分的上升，我挣到的租金不仅可以支付房租，还能留下一部分做生活费。最初用来支撑我生存的救命稻草已经成为一次事业性的投资。我突然意识到，与其去找一份单调乏味的工作，不如去把爱彼迎的生意做大。而且我对毕业后当工程师并不感兴趣，爱彼迎对我而言是不错的选择。

我的计划很简单：把现在租赁的公寓长期用于爱彼迎短租，而我自己去朋友家做沙发客。如果一切顺利，不久之后挣到的钱就可以帮我再租一个新的公寓了。于是，我再次找到房东，像上次一样，他起初对我的请求犹豫不决。虽然到目前为止，他很满意自己的公寓并无任何损坏，但依旧觉得纯粹用于短租就是在给自己招惹麻烦。他听说过很多租客把房间搞得脏乱不堪的故事，不想自己也成为受害者。于是我再次向他保证，我会仔细挑选租客。然而，这一次我的承诺并未打动他。于是，我提出将我从爱彼迎上赚到的租金收入扣掉房租后再分 15% 给他。这时，房东的担忧消失了，他立刻同意了我的计划。

一个月后，我用省下来的钱在另一栋楼里给自己租了一个小房间。这个房间很小，但足够用了。随着爱彼迎带来的收入稳定增加，我很快意识到同样的策略还可以不断重复。于是，我开始寻找其他可以出租的公寓，并将目标锁定在景区附近。每次去看房时，我都会和房东说明我的意图。但令人失望的是，很少有房东对我的主意感兴趣。就在我打算放弃这个想法时，我遇到了乔治。乔治原本是一名工程师，退休后搬到了布宜诺斯艾利斯郊外的一个小村庄生活。虽然他大部分时间都住在村子里，但他并没有卖掉在布宜诺斯艾利斯的房子。

乔治刚经历了一次非常不愉快的租赁。他的上一位租客私自将其中一个房间改造成了一个录音棚，甚至在卧室和客厅的墙上打穿了一个洞。租约到期后，租客就离开了，乔治再也没有见到那位租客，这给乔治带来近千美元的损失。

乔治为这次经历焦头烂额，他想卖掉房子。然而此时的房地产市场非常不景气，八个月后，他的房产税已经非常高，这个房子对他而言已是无法摆脱的负担。听了乔治的故事后，我告诉他我可以帮忙。我主动提出帮忙维修好公寓，以此抵销两个月的租金。两个月过后，只要乔治同意我在爱彼迎上将房屋短租，我就付全额租金给他。

你应该可以想象得到，乔治非常犹豫。他认为短租客可能比长期租客更加不会善待自己的房子。我告诉他，和大多数人的想法相反，短租客是最不可能损坏房屋的，他们来到某座城市通常是为了体验当地美食、美景和风土人情。而长期租客则会花更多的时间在房屋里面，一旦他们习惯了一个地方就会变得满不在乎。乔治最终接受了我的提议，但前提是，我承诺会仔细甄选租客，并随时关注房屋情况。

从另一个短租公寓经验中我知道，要想让爱彼迎经营顺利，关键是保持房间整洁。为了保证爱彼迎带来稳定的收入，我会花费比整理自己房间更多的时间去照管在爱彼迎上出租的那些房屋。我希望尽量确保我的客人对房间100%满意，因此我投入了巨大的心血去保证房间一尘不染且没有任何损坏。我将所做的一切都告诉了乔治以便他能放心。我甚至鼓励他，时不时来自己的公寓住一下，从而也可以亲眼确认房屋是否有损坏。

几个月后，乔治来到布宜诺斯艾利斯的公寓。他所见到的情景也验证了我所说的，整个屋子整洁如新。他非常惊讶，从此更加信任我，并告诉我可以按照自己的想法经营他的公寓。

我和乔治的这次经历也让我对寻找新的机会更加充满信心。随着乔治的公寓排名不断提高，我开始着手寻找第三个公寓。我再次遭到了一批房东的拒绝，这些房东或多或少都在嘲笑我的想法有多么不合传统。精确地统计的话，我至少被 25 个房东拒之门外。然而，我依然不会放弃。前面的成功经验已经在我内心点燃了希望的火种，它不会轻易熄灭。

现在我可以很自豪地说我已经在爱彼迎上经营了六个房屋，并且房屋排名都在不断提高。我租出去的房子都在布宜诺斯艾利斯的中心街区巴勒莫附近，那里是游客和年轻白领们经常光顾的地方。在收到 300 多个好评后，我成功升级为了超赞房东。爱彼迎最让人惊喜的部分是，所有的事情都公开透明。对我的每一位房东，我都可以毫无保留地介绍相关信息，虽然刚开始很难说服他们，但慢慢地，一切就会很顺利。爱彼迎不仅帮我赚回了房租、学费和生活费，现在也成为我的主要收入来源，建立了我事业的基础。我非常开心，在那趟说走就走的美国旅行中有机会接触了爱彼迎网站。

Get Paid for Your Pad

第 4 章

不在大型
旅游城市怎么办

对我而言，遇到问题时我会采用非常规思维，
我会问："为什么不可以？为什么做不了？"
如果别人无法给我解释清楚为什么某件事不可以做，
我就自己找方法去做。

——伊莱·布罗德，企业家、慈善家

　　人们都知道在爱彼迎上，无论是曼哈顿的现代单人公寓还是巴黎市中心的浪漫私人房间都十分抢手。纽约和巴黎是两座充满活力的城市，那里有丰富多彩的夜生活，各种旅游景点和美食也都不计其数。作为两座富有文化底蕴的城市，仅凭名气也能吸引不少游客。但那些不是很出名的城市呢？如果是在郊区或者农村，能否成功经营爱彼迎呢？这些地方会有足够的房屋需求吗？如果你并不住在旅游城市，是否应该放弃爱彼迎呢？

　　简单的回答是：住在小城市的你一样可以成功经营起爱彼迎。我采访过内布拉斯加州、俄勒冈州，以及加拿大北部的一些房东，还有很多住在偏远地区但依然通过爱彼迎获得可观收益的房东。爱彼迎能否在一个地方存活和发展起来，取决于当地房屋的供需情况。我无法确切地告诉你，是否你的家乡可以经营爱彼迎，但没有关系，在爱彼迎上建立主页是免费的，你只需多花几小时就可以了。请记住：使用爱彼迎的客人不仅限于游客，还有出差的商人，看望亲友的家庭，或者参加某个学术会议的人们。

　　我最近参加了一场托尼·罗宾斯研讨会，会议地点在芝加哥郊区的绍姆堡。那是一个安静的小镇，平时几乎没有额外的房屋需求，但这次会议期间，有一万多人来到这个小镇。当一个小镇举办这样大型的会议或活动时，往往房屋量会供不应求，而此时就是通过做短租赚钱的好机会了。

　　如果你打算在你所在的小城市发展爱彼迎短租房，可以先通过以下几种方式调查短租在当地的发展情况，以确保心中有数。

仔细考察当地爱彼迎短租房经营情况

衡量短租需求最好的方式就是研究你所在社区现有爱彼迎房屋的经营情况。搜索你所在社区的爱彼迎房屋，记住不要选择任何日期，这样你才可以看到全部房间情况（包括已经预订的）。浏览排名靠前的 10 到 20 个房屋，查看他们最近一个月的日历，可以了解当地社区的房屋入住率。如果入住率达到 50% 以上，那表明当地的短租市场仍有竞争空间。

其他住宿平台

如果你所在地区没有人使用爱彼迎短租，那么你就需要通过其他方式来了解潜在需求。除爱彼迎以外，还有几个网络平台可供个人进行房屋短租，比如 HomeAway、Wimdu 和 Flipkey。这些租赁平台或许在你所在的城市更受欢迎。

酒店

对很多喜欢旅行的人而言，爱彼迎短租房比酒店便宜，他们也更乐于选择前者。这意味着如果你所在区域有酒店，那里也可能有爱彼迎的市场。我的播客第 7 集采访了莎拉·约翰逊，莎拉住在科罗拉多州的尼德兰小镇上。她介绍了自己是如何在一个几乎没有竞争者的偏远地区经营起爱彼迎的。莎拉做爱彼迎的动力是在她家附近几公里处有一个酒店。她迅速对这家酒店做了一些调查，然后就开始在自己家里做房屋短租。很快，莎拉就在一个只有 1500 人的小镇经营起了一个非常成功的爱彼迎短租屋。

旅游局

如果你在爱彼迎或其他网络住宿平台都没有找到有用的数据，试着去当地的旅游局找一下。你可以直接给旅游局打电话，也可以仔细浏览旅游局的网站。比如，洛杉矶市就在其旅游局网站上公开发布了大量相关信息，包括商贸活动年度计划、次级市场房屋出租情况以及旅游业绩报表等。幸运的话，你所在城市旅游局网站上会有大量有用的信息帮助你的爱彼迎事业。

专业爱彼迎搜索服务

这里介绍两个非常专业的在线搜索服务，它们可以帮你确定你所在区域是否适合发展爱彼迎短租。

1. AirDNA——你可以在 AirDNA 上找到各种数据，如当地爱彼迎短租房数量、入住率以及平均利润率。你可以买下你所在城市的数据报告来决定是否投资爱彼迎。许多人利用这些数据判断他们是否应该在某个城市投资全新的短租事业。要想了解更多关于 AirDNA 的信息，请访问：

http://getpaidforyourpad.com/blog/airdna-finding-best-area-next-airbnb-rental/。

2. Everbooked——Everbooked 最初是一款自动定价应用程序，可根据房屋需求每天自动调整爱彼迎短租房价格。在帮你实现利润最大化的同时，Everbooked 还提供了大量有用的数据，从而帮你详细分析经营爱彼迎的可行性。其中有两个工具特别有用：（1）对比工具；（2）市场报告工具。对比工具"通过分析你所在区域与你相似的成功短租案例，向你展示他们的房屋入住率、价格和收入等，让你了解竞争情况"。市场报告工具可以很快帮你了解短租市场，提供房屋租赁的季节趋势分析、入住率、相似短租房的平均价格和收入情况。欲了解更多信息请访问：http://getpaidforyourpad.com/blog/e%E2%80%8Bverbooked-market-report/。

罗伯特和若迪的故事

两年前，我决定和女朋友若迪搬到一起居住。虽然我们对即将开始的新生活感到兴奋，但若迪有些不舍自己的旧公寓。公寓在一幢23层高的大楼顶层，可以看到墨尔本市的全景，而且从那儿步行15分钟就可到达市中心。后来我们没有卖掉它，而是将它挂在了爱彼迎上用作短租。

过去两年，我们共接到250多次房屋预订，收到了很多好评。而且我们还赢得了超赞房东的称号，这对我们这两年来的努力是莫大的鼓励。

爱彼迎短租不仅帮我们减轻了房贷压力，也使我们有幸成为他人墨尔本经历的一部分。每当有客人第一次来到墨尔本，我们会尽力让他的旅行充满难忘的回忆。与此同时，这也是一次难得的可以让我们与他人分享这座城市、我们最珍惜的美好事物的机会。

目前，若迪的公寓主要用作整租。我们为客人准备了一份非常详尽的"房客指南"，只要是有关若迪公寓的信息，客人都可以在里面找到答案。我和若迪出去旅行时发现，很少有房东为客人准备"房客指南"。大部分房东最多只给我们一个便利贴，上面写着 Wi-Fi 密码，以及一张印刷简单的周边地图（幸运的话）。

成为超赞房东对我和若迪而言非常重要，我们相信其中有一部分功劳来自那份"房客指南"。如果你也想设计一份"房客指南"，我们建议你将以下信息写入其中：

- 智能交通卡
- Wi-Fi 信息
- 当地景区地图指引、推荐的饭店和夜生活娱乐方式
- 电器使用指南
- 紧急联系人名单，其中要包括两位拿有备份钥匙的联系人
- 安全卡片

如果你正思考自己注册一个爱彼迎房东账号，下面我们准备了几个重要参考建议。这些都是我们在经营爱彼迎的过程中得到的经验和教训，相信可以帮你减少很多麻烦：

- 将所有与客人的邮件对话都放在爱彼迎平台上，确保所有信息都在一个地方
- 确认客人到达的详细信息（包括航班号），请其提供联系方式（手机号码等）
- 确保你的电话号码前写上国家代码
- 为带有孩子的客人提供附近的儿童游乐场指引
- 提前为带婴儿的客人准备婴儿床

我们对爱彼迎的热爱和希望帮助人们经营爱彼迎的想法已促使我们建立了自己的公司，名叫"准备好迎客"。若迪的专业背景是旅游、管理和职业发展。而我的专业背景是信息技术、项目管理和小企业培训。我们俩的技能恰好可以完美结合，有效帮助人们实现其目

标，创造更多收入。

我们的客户包括：（1）与客人一起居住的房东；（2）管理多处短租房屋的房东；（3）常年在外旅行，将短租房外包给他人管理的房东，等等。同时，我们也与当地协会和旅游部门交涉，以让其了解爱彼迎与短租膳宿的益处。

2014 年，我和若迪参加了在旧金山举办的首届爱彼迎开放日活动，在那里我们见到了贾斯珀·里贝斯，还有其他许多爱彼迎房东，那次经历真是让人难以忘怀。回到墨尔本后，我们和当地的其他爱彼迎房东举办了一次开放日总结会，共同分享大家学到的东西。得益于这次活动的成功举办，我们受邀在巴黎爱彼迎开放日办了一场房东培训课。我们非常感激爱彼迎，它不仅让我和若迪获得了可观的收入，还为我们开创新事业奠定了基础，同时也让我们认识了来自世界各地的许多朋友。

Get Paid for Your Pad

第 5 章

定价

愤世嫉俗的人知道所有东西的价格，但却不知道任何东西的价值。

——奥斯卡·王尔德，作家

想在商业上获得成功，基本要求是有一款很好的产品。一旦有了产品，下一步就是营销。一场成功的营销目标是：（1）使你的产品看起来非常好；（2）将产品展示给尽可能多的潜在客户。但是在这两步中间夹着一个非常关键的问题，而且必须谨慎地做出回答：这个产品值多少钱？

这个问题比你想象的要复杂得多，它困扰过许许多多聪明人。经济学家支持采用几种基本的定价策略。一种方法是基于成本定价（也叫"毛利率目标法"），如果某产品的平均成本是 3 美元，将它定价为 3.3 美元似乎是合理的，这意味着每卖出一件产品，商家将获得 10% 的利润。但你也可以看一下竞争对手如何为相似产品定价，再基于该信息为自己的产品定价（也叫"基于竞争者定价"）。还有一种逻辑法，也就是根据客户可以为该产品付出的最高价格来定价（也叫"市场可以承受多少"）。这样定价似乎也行得通。那么哪一种方法是正确的呢？再者，你如何判断成本，相似产品，以及人们愿意为之付出的价格呢？

这些问题都很难回答。哪种策略更实用也会随产品和行业的不同而各异。爱彼迎定价也一样。对于特定的爱彼迎短租房来说，最优定价也因其装修、位置、整体风格不同而变化。找到最佳定价方法不容易，它需要经过大量试验。

尽管找到合适的定价困难重重，但接下来的章节将分析一些有用信息，以帮助你在最短的时间内做出最合适的定价。

找到最优定价策略

找到最优定价策略不容易。事实上，它在数学上甚至是不可能的，因为有太多无法预测的未知变量存在，难以真实地界定相关因素。但请不要着急……这一部分会介绍许多有用的观察，会尽可能高效地帮你跨过这道坎儿。我建立了一套逻辑框架，你可以做试验和修补，直到成功解锁最优定价。利用古老的学习方法——反复"试错"，你终将找到成功的定价策略。

首先来说一下何为"最优定价策略"。在这里我所使用的定义是，可以使长期收益最大化的定价策略。你不必从经济学的角度去理解这个概念，从字面上看，它就是可以让你挣到最多钱的定价方法。

在深入讨论之前，我们先看一下基本的利润理论。首先，利润的定义如下：

利润 = 收入（R）- 总成本（TC）

收入是指爱彼迎代表客人付给你的那部分房租。总成本是指你在准备爱彼迎短租时所花费的那部分钱。总成本可以分为两部分：固定成本和边际成本。

总成本（TC）= 固定成本（FC）+ 边际成本（MC）

固定成本是指与你的房屋被租用天数无关的那部分费用。无论是否有预订，无论有多少客人，这部分成本都会产生。固定成本包括：抵押贷款、财产税、房租、物业费、电视／网络费等。

边际成本是指依据使用多少而产生的费用。随着租客人数的增加，边际成本也会上升。边际成本包括：水费、电费、天然气费和管理成本等。

　　管理成本包括所有你需要为短租做出的准备，比如清洁、办理入住 / 退房，以及购买房屋消耗品。如果你雇用其他人来做这些事，那管理成本就是你支付给他的费用。如果你自己打理这些事，那么可以根据你付出的机会成本（比如在相同的时间段内如果做别的事情你可以挣多少钱）来计算这部分的价值。如果你向租客收取了额外的清洁费用，那么你要从机会成本中减掉这部分费用。

　　尽管固定成本在很大程度上决定利润，但它不应影响你的定价策略，因为固定成本是已知的，它不因租赁天数增加而改变。

　　这就得出了第一个结论：

　　最优定价策略和固定成本无关。

　　我们用如下例子来解释这一结论：

　　我们假设你将自己的房屋全天候用于出租，而无其他功能。换句话说，如果房屋闲置，你将不会获得任何利益。

　　现在我们假设你的固定成本如下：

抵押贷款 =　　　　1000 美元 / 月

电视 / 网络 =　　　100 美元 / 月

保险 =　　　　　　50 美元 / 月

地方税 =　　　　　150 美元 / 月

日常保养 =　　　　200 美元 / 月

————————————————————

总固定成本 =　　**1500 美元 / 月**

　　　　　　=　　**50 美元 / 天**

　　边际成本（假设房屋在出租中）如下：

天然气 / 水 / 电 ＝　　300 美元 / 月

日用品 ＝　　　　　　300 美元 / 月

管理成本 ＝　　　　　150 美元 / 月

浮动维护费用 ＝　　　150 美元 / 月

_____

总边际成本 ＝　　　900 美元 / 月

　　　　　　＝　　　**30 美元 / 天**

现在考虑如下选择：

选择 1： 将房屋按照 40 美元 / 天出租

选择 2： 将房屋闲置

选择 1

如果将房屋按照 40 美元 / 天出租，严格来讲，你将不会赚到什么钱。为什么？因为固定成本就占了 50 美元 / 天。考虑到可能客人当天还会带给你 30 美元的边际成本，这样总费用将是 80 美元 / 天。那意味着当天你会赔掉 40 美元。

选择 2

如果将房屋闲置，你将不会产生任何边际成本。但是你每天仍需付出 50 美元的固定成本。一天花费共 50 美元。

显然，尽管选择 1 会让你赔钱，但它优于选择 2。

因此，第二个结论是：

只要定价高于边际成本，租出去比闲置更合算。

这意味着你能接受的最低定价等于边际成本，在本例中即 30 美元。这是任何一天的最低定价。即便你按照边际成本定价出租不会赚到钱，但仍会收到评价和排名，长期来看，这将带给你更多的订单。

现在我们假设按照 40 美元 / 天的定价可以成功将房屋出租，但你认为不值得为每天 10 美元的净利润（40 美元 −30 美元）付出时间。那么利润达到多少你会满意呢？ 20 美元？ 30 美元？决定好自己能接受的利润后，重新调整你的管理成本。比如，假设你最低能接受的利润是每天 30 美元，管理成本将从每天 5 美元增加到 35 美元。那么最低定价将变为 60 美元。

现在我们已经明白了如何制定最低价格，该面对更加复杂的问题了：潜在客户愿意支付的最高价格是多少呢？这个定价又取决于哪些因素？

为回答这个问题，我必须得站在潜在客户的角度来思考。那么从客户角度来看决策过程应当是怎样的呢？首先，我要假设客人已经决定住在我所在的社区，他们将从其中正在出租的房屋中选择一家自己认为最好的。

假设我的房屋在客人考虑最优价格之列。如果我的邻居按照每晚 100 美元出租，那么理性的客人将不会支付 200 美元来选择我的房屋。然而，他们是否愿意出 130 美元，或者 120 美元呢？有可能。也许我的房屋有一些特别之处恰好符合客户的个人品味或喜好。假设潜在客人相对富足，那他们可能愿意多花一点钱，去欣赏我房间内丰富多彩的墙壁装饰风格、卧室的别致布局，抑或享受厨房的高档咖啡机。

这样，我就得出了第三个结论：

最高价格等于你所在社区中最好的房屋定价加上一定的个人喜好

价值。

那么一定的个人喜好价值是多少呢？非常好的问题。真相是你无法立即算出这部分价值。唯一的方法就是反复试验。你得像科学家一样投入到定价试验中。你的任务是观察与每一次定价相关的租房情况。

假设经过多次观察后，我发现最优选择价格为 200 美元。进一步假设我决定增加 25% 的溢价，那么最高价格就是 250 美元。

于是，我的公寓最优定价区间为 30~250 美元。

设置基准价格

基准价格是指你在爱彼迎上设置的默认价格，该价格可应用于一年中的任何一天，除以下三种情况：（1）你启动了周末定价（即周五和周六晚上的价格将会变动）；（2）你使用了爱彼迎提供的定价工具；（3）你使用了第三方定价服务。

基准价格

基准价格是指当智能定价关闭，或者自定价格，如长期定价失效时，你应当设定的价格。

基准价格

€ 250

货币

欧元 ▼

建议：203 欧元 ⑦

你可以将输入框下面蓝色字体显示的爱彼迎的建议价格定为基准价格。然而，依我的经验，这个价格通常都不是最优的。对于刚加入爱彼迎的房东而言，这个价格设置太高，不利于接到更多订单。而对于老房东而言，他们已经接待了大量房客，收获了许多好评，这个价格又设置太低了。接下来的部分将深入解析如何计算出合适的基准价格。

新房东如何设置基准价格

成为爱彼迎房东后的首要目标是尽快建立良好的口碑。成功运营爱彼迎同时也意味着你在这个社区以及社会上都是值得信任的。很少有用户会去预订一家没有任何评论的房屋。因此，确保最开始的订单量和好评十分重要。我建议你在刚开始经营爱彼迎的时候，按照所在区域相似房屋定价的七折或八折出租。你可以通过以下方式找到竞争对手的定价情况：

1. 搜索你所在城市的爱彼迎房东；
2. 利用地图工具聚焦你所在区域。

以上截图中相似房屋的平均价格大约为 261 美元。对于刚加入爱彼迎的相似房屋，我建议初始定价设在 161 美元到 194 美元。价格设置低一些会提高你在用户搜索结果中的排名。如果你认为比起社区其他房屋，自己家里有加分项目或特别之处，那你可以相应地提高一些价格。例如，如果你家有一个奢华的热水浴池，或者屋顶阳台，那么请放心地在基准价格上增加这些设施的价值。

你在设置价格时应当警惕并牢记在心的是：一些用户会自然而然地认为，你的房屋有一些问题所以定价才会低于社区其他房屋。为使客人免于此担忧，你应确保在爱彼迎名称或描述中体现你的定价为暂时的优惠价。

老房东如何设置基准价格

如果你经营爱彼迎已有一段时间，并已建立起良好的口碑，你应该围绕平均价格设置基准价格。在接下来的几个月你可依据房屋入住率调整每天的房价。尽管几乎不可能计算出完美的价格，但下面的建议或许可以让你的定价尽可能接近完美。

如果过去几个月你的房屋平均入住率低于 80%，那么你的房屋定价可能偏高了。这时，你可以考虑适当降低价格，以增加对客人的吸引力。

如果过去几个月你的房屋平均入住率大于 90%，那么房屋定价可能偏低了，你应考虑提高房价来检验客人是否愿意为你的房屋支付更高的价格。

大多数房屋预订都发生在入住前 30 天内

你知道吗，50% 的爱彼迎房屋预订都发生在客人入住前 30 天内，数据显示，爱彼迎用户非常随性。当然，如果自己的公寓提前几个月就已被预订满，大多数房东都会很开心，但是过早将房屋出租出去意味着你会失去房屋需求高峰期的潜在获利机会，也就是说，你的公寓可能收费偏低。为避免落入这一陷阱，我建议：

如果你的房间在某个月中已有 50% 的日期被预订，你应考虑提高基准价格。记住，一旦进入预订前 30 天之内，客户将更有可能支付更高的价格。越接近满房，房价应越高。

根据需求调整价格

你一定注意到机票和酒店房间价格在一年中的变化很大。原因很简单，航空公司和酒店都希望通过适应供需情况调整价格以使利润最大化。这一逻辑同样适用于爱彼迎。就像连锁酒店一样，通过预测未来的需求变化，调整房价以使收益最大化。

我认为他们的判断更多的是依靠直觉。这里不太清楚的是如何准确预测需求变化并计算出合适的价格。

对于爱彼迎新房东而言，房屋需求通常会因季节不同以及工作日和周末人流的变化而变化。

夏天在大多数地方都是房屋需求高峰期。另外，如果你家附近有许多酒吧或饭店，很可能每到周末你的房屋需求量会更大。相反，如果你住在商务区内，可能平时的房屋需求会更多一些。其他因素如当地举办的活动、会议、音乐会，或者像圣诞节、新年夜等特殊节日对房屋需求也会产生影响。

　　航空公司和大型连锁酒店会雇用专业人员通过建立数学回归模型来做价格分析，从而预测最优价格。然而，这对爱彼迎房东而言并不现实。许多房东可能都无法投入太多时间和精力制定最优价格。于是，他们几乎一年中的每天都在收取同样价格的房租，以至于有10%~40% 的收入将悄悄溜走。为避免你也犯同样的错误，我将介绍以下几个工具，它们或许可以帮你实现价格最优化。

爱彼迎定价工具

　　对房东而言，如何定价可以说是最棘手的问题了。因此爱彼迎在已经很完美的用户界面上又增加了一款自动定价工具。对房东而言，这一工具非常重要，因为你的收入在很大程度上取决于房屋定价。考虑到航空公司和酒店都聘请数据分析师来计算价格，如果让房东自己计算最优价格无疑会对其造成极大的负担。

爱彼迎价格计算器

　　查看自己的爱彼迎日历时，你会发现无人入住的日期也列有价格。从下图可以看到，我的日历上 3 月 29 日和 30 日，4 月 3 日、4 日、7 日、16 日、19~21 日是空的。有一些日期显示蓝色，其余是橘黄色。以下是不同颜色代表的含义：

- **蓝色**——你的定价或者等于爱彼迎建议价格，或者低于该价格，此时，你很有可能会接到订单。
- **橘黄色**——你的定价在爱彼迎建议价格之上，因此接到预订信息的可能性较低。

你点击任何可接受订单的日期，会发现屏幕右上角显示出爱彼迎建议房价。这就是爱彼迎依据所处周内日期、所处季节或月份、需求量和距当前日期的时间长度而给出的建议价格。下图是我点击 4 月

16 日（周六）爱彼迎页面显示的信息。

从图片中可以看到，爱彼迎建议我将价格提高，因为这一天是周末，而且是在春天，房屋需求量大。唯一非正面影响价格点的因素是该日期距当前仍有 20 天时间。爱彼迎建议我将价格由 99 欧元调整为 164 欧元。正如其所建议，我将价格提高了 65 欧元。

如果你想手动调整某些特殊日期的价格，可以点击该日期，然后依照爱彼迎建议价格来调整。此外，如果你想按照爱彼迎建议批量调整价格，还有一个办法。在原始日历页面右侧，有一个显示近几个月旅行趋势的图表。

点击查看你的"价格建议"，爱彼迎将在日历上显示出所有日期的建议价格。其中，左下角被横线划掉的价格是你原本设定的价格，

中间突出显示的价格是爱彼迎建议价格。

如果你想同时更新所有日期的价格，点击右侧"保存价格"即可。只要一步，所有价格将自动匹配爱彼迎建议价格。这样，你所设定的价格将会是考虑所有相关因素后的最优价格。

爱彼迎官方表示，这些建议价格来自一个数学模型，"这一模型分析了在特定日期下，不同定价对客户预订房屋意愿的影响，其中所利用的信息包括：你的房屋类型和位置、当前价格、是否可以入住、可入住日期间的间隔时间等"。爱彼迎称房东如果采用其价格建议，将房租设定在与建议价格相差不超过 5% 的范围，其接到订单的可能性将增加三倍。这些数据很有说服力，但具体到个人而言，爱彼迎价格建议并不总能带来利润最大化。

为什么我不采用爱彼迎价格建议

我对爱彼迎定价工具做过许多测试。尽管我相信对大多数爱彼迎房东而言，它都是有用的，但我认为这个定价实际上并非最优价格。以我在阿姆斯特丹的公寓为例，爱彼迎的建议定价相对低很多。如果按照我自己设定的价格，通常我的公寓都会满房，降低价格并不会帮助我增加订单。因此，如果我采纳了爱彼迎的建议，我的房屋预订率不会变，但收入却会减少。

这就产生了以下问题：为什么爱彼迎建议价格会低于最优价格？它可能意味着：（1）对特定城市而言，爱彼迎定价工具尚不能准确反映最优价格点；（2）爱彼迎有意将建议价格设定低于最优价格。关于第二个解释，爱彼迎将价格设定在低于客户愿意支付的水平，这看起来似乎很奇怪，因为这将减少其利润。然而，也可能爱彼迎希望将品牌打造成一个更加便宜的租房平台。请注意这都是猜测。我更相信的是，爱彼迎定价工具仍在不断改进。无论如何，请记住，盲目遵循爱彼迎定价建议可能不是最好的选择，它还取决于你自己的评分以及你所在城市的情况。

智能定价

爱彼迎刚刚引进了一种新的定价工具——智能定价。目前该工具的测试版只有部分房东可以使用，未来你是否可以使用取决于你所在的地理位置。因此我想先展示一下它是如何运作的，以便该工具正式发布时你能旗开得胜。

智能定价与爱彼迎价格建议有三点不同。首先，它会自动更新你的日历，这样一来你就不必每天登录系统去手动更新价格。其次，依据你希望得到的出租频率，你可以从三种定价模式中选择其

智能定价

选择价格范围
房源价格会在您设定的价格范围内自动调整。

至少
¥ 268 每晚

使用建议价格：¥ 272 ⑦

最高
¥ 1098 每晚

使用建议价格：¥ 1,165 ⑦

设置默认每晚价格
如果选择关闭智能定价功能，您房源的每晚价格将会默认设为此金额。

基础价格
¥ 400 每晚

使用建议价格：¥ 388 ⑦

对于大多数房东来说，第一次预订后，定价小窍门的数量会增加。

货币
CNY ▼

您想出租的频率的是多少？
部分时间 ⌄

您的房源价格始终由您决定。继续操作即代表您同意启用智能定价功能。⑦

‹ 返回   完成

一。这三个选择分别为：（1）尽可能多地出租；（2）较高频率出租；（3）偶尔出租。你希望得到的预订越多，你的爱彼迎房租会越低。最后，你可以设定价格的最低值和最高值。爱彼迎不会将价格设定得低于你的最低价格要求，或高于最高价格要求。需要注意的是，即便智能定价已启动，你仍然可以按照自己的意愿手动设定任何一天的房价。

我认为智能定价优于旧的价格工具，其优点包括：（1）可以自动更新日历而无须你手动调整价格；（2）智能定价给予你更高的灵活性。尽管有这些优点，但请注意，正如爱彼迎价格建议一样，智能定价工具对我的公寓定价依然非常低。而事实是，我的公寓通常以较高的价格出租，基本上全年都会满房。因此这一定价工具依然不够完美。如果盲目地使用，我每年将白白流失数千美元。

我很少使用智能定价的另一个原因是，它只能定价至未来四个月。如果客人想要预订四个月之后的住房，他们会按照你所设定的基准价格来预订。这意味着你得手动调整四个月之后的价格点，同时还要注意是否遇到了新年夜或圣诞节这样的特殊日期，因为这些日期通常很早就会被预订。你一定不希望有人以基准价格预订了新年夜的房子，毕竟你原本可以赚到该价格的两倍至三倍的利润。

第三方自动定价应用

随着爱彼迎在全球范围内的不断发展，与其相关的共生业务也在壮大。其中两家最具影响力且管理完善的公司 Everbooked 和 Beyond Pricing 分别创造出了与爱彼迎无缝衔接，可根据需求实时调整价格

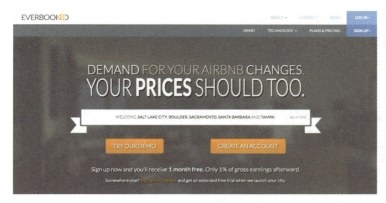

的定价应用程序。

  这些公司是如何为你的房屋制定最优价格的呢？它们分别利用了各自精心设计的算法来对所有相关数据进行运算，比如访客数量、类似爱彼迎租房的入住率、航班价格、酒店预订价格等。这两个应用最大的优点是综合性很高且可全自动操作。也就是说，你"设置好后就不用管它了"，你只要把自己的爱彼迎房屋账号与它俩中任一应用相链接，就再也不用操心价格管理了。你的日历每天都会自动更新，不仅会帮你增加边际收益，还会提高你的房屋在爱彼迎用户搜索结果中的排名，因为爱彼迎更倾向于支持定期更新日历的房东。

这两项服务都只从你的爱彼迎房屋收入中收取 1% 的费用。有人估计，目前使用这两个定价工具的用户收入增长率已经从 10% 上升至 40%，这样看来，使用定价工具确实划算。

如果你所在地区尚不支持这两项服务，但只要注册了，一旦该服务在你的家乡发布，你就会收到相关通知。

我所使用的定价工具是 Beyond Pricing，它可以在阿姆斯特丹使用。如果你想了解关于这两个定价工具的更多内容，请查看我的播客上对伊恩·麦克亨利和大卫·奥达尔的采访，他俩分别使用 Beyond Pricing 和 Everbooked。

试验

只有经过大量试验、观察和分析你才会知道如何设置最优价格。例如，我们假设 1 月你设置的最高价格是 250 美元，从 4 月开始，你将第一周价格设定为 300 美元，第二周 275 美元，第三周 250 美元，第四周 225 美元。观察在这些日期的房屋订单，并记录下来。创建一张 Excel 表来观察在哪些时间点接到了订单以及当时的价格是多少。这样大量试验后，你会发现规律，从而优化价格策略。

新房东

如果你刚刚开始经营爱彼迎，那么你的首要任务是：
• 建立你在爱彼迎社区的口碑
• 提高你的房屋在爱彼迎搜索结果中的排名
如果你能做到以上两点，长期来看，收入一定会最大化。就像我一直所讲的，你应该乐意在初期将价格设置低一点，目的是尽可能多地接到订单，从而快速建立起良好口碑。

现在，如果你将自己公寓的价格定得极低——比条件相似的房屋价格低很多，你应当在描述中写出为什么要定低价。例如，你可以这样写："本月七折优惠，仅限前十位租客！"如果你不解释，人们可能会认为你是因为房屋有问题才定低价。

以周或月为单位定价

在爱彼迎，你可以选择设定居住一周或一个月的价格。对于那些会居住一周以上的客人，你可以利用这一设置自动给予客人折扣。我建议给予居住一周的客人八五折到九折的优惠，因为这些客人会帮你节约开支，例如：（1）你将不需要频繁打扫卫生；（2）管理成本降低；（3）因为接待客人数量较小，你可能要承担的责任也相对减少了。

设定周价时有两个选择：一般价格和定制价格。我建议使用定制价格，这样在高峰期或特殊活动时，你仍有调整价格的空间。如果你选择了一般价格，爱彼迎将默认无论房屋需求如何，居住一周的价格都是相同的。

最高数位定价

你是否曾经注意到大多数产品或服务的定价是：9.99 美元、59.99

美元、499.99 美元，等等？如果你和我一样，那你可能会做出"为了省一分钱而花掉更多钱"这样的"愚蠢"行为。但在你谴责这一行为之前，请先听我说完。商业世界有其疯狂的理由。这一理由就叫作"最高数位定价法"。大量研究表明，一个产品定价为 29.99 美元比起定价 30 美元时销售量有明显增加。这是因为人们更倾向于注意最高数位的价格，也就是从左到右的第一位数字。定价为 29.99 美元时，人们的注意力在"2"上，会因此评估产品价值。这意味着定价 29.99 美元比 30 美元更容易促成销售。因为几乎所有人都这样做，我建议你也利用这一行为心理采取最高数位定价法。

折扣

在我的经历中，客人会经常要求我给予他们折扣。如果发生这样的事情，你将会进入一个谈判过程。有很多非常好的关于谈判的书籍，最有名的如《谈判力》，因此这里我将不再展开叙述。谈判是一门非常复杂的艺术，也是科学，我建议你花时间去研究一下。下面我总结了几个基本概念。

谈判立场

谈判时最重要的一点是你的谈判立场（或者说平衡点）。谈判立场由以下三个因素决定：（1）什么是你所要付出的；（2）为此你乐意接受多少回报；（3）市场上有哪些替代品。就爱彼迎租赁而言，你所要付出的是你的空间。你愿意接受的最低回报就是你的最低价格，即边际成本加一定可变的溢价。关键问题是：市场上有哪些替代品？

替代品

你能否获得满意的价格取决于市场上现有的替代品。

对你的客人而言，替代品就是相同时间段内可供入住的相似房屋。这些房屋很可能就是你的邻居，因为大多数客人是依据位置来挑选房屋的。因此，要想了解竞争对手的情况，你可以去爱彼迎上粗略搜索一下所在社区的房屋。填上相关日期，看下一步会出现什么。

谈判时需要考虑的因素

考虑给客人折扣时有几个重要的尺度。你应查看自己的日历，考虑客人住宿的时间长短，以及客人的类型。将这几个因素都仔细思考后，你就能很快做出较为合理的价格让步了。

入住日期和你的日历匹配度有多高？

如果某个预订日期正好覆盖了未出租的中间几天，我会很乐意在价格上给予客人优惠。为什么？因为将闲置空间租出去会让我挣到更多钱。例如，假设我以每晚 200 美元价格出租自己的公寓。有人发信息给我说想要在 5 月 2 日至 7 日租住。日历显示，这个时间段正好覆盖了两个已经被预订的日期之间的几天。但是，客人要求每晚的租金降低 40 美元。那意味着我最终收到的房租不是 1000 美元而是 800 美元。要不要降价呢？这种情况下，我当然会降价。

这对我而言是笔划算生意，因为大多数客人可能只想在 5 月 2 日至 5 日预订住宿，这样周一和周二的房屋会很容易闲置。这两天很难租出去，这意味着我很可能会少赚 400 美元。这样，同意打折就意味着我收回来了 200 美元。

入住多少天？

我所使用的定价系统在顾客连续入住六天以上时会自动给予折扣。考虑到利润和入住评价，这对我而言是最优选择。因此，当客人的旅行时间可持续六天以上时，他们会比只进行两三天短期旅行的客人更容易获得折扣。

将要入住的是什么类型的客人？

我在阿姆斯特丹的公寓附近有许多酒吧和夜店。你应该会猜到，我经常接到一些喜好周末出来聚会的年轻人的入住请求。尽管我的公寓满足他们的要求，但我最理想的客人仍然是喜欢安静的退休夫妻。为什么？因为退休夫妻入住后出现责任问题的可能性要比年轻人低很多。我不必担心他们会不停喧哗吵闹，邀请各种朋友过来，酗酒或因醉酒而破坏财物，等等。请不要误解我的意思，我自己也喜欢偶尔和朋友一起喝点啤酒，但比起接待 19 岁左右的年轻人，稳重安静的夫妻档更值得给予打折优惠。

与客人谈判

一般来说，由潜在客户先出价比较好。当客户给出初始价格时，你大概可以感觉到他们愿意付出多少钱。此外，这也给了你降价的空间，有助于双方达成一致。

无论你的谈判立场是什么，目标应是让客人感觉到你并不急于接受折扣。这样，他们会保持对你公寓值和高需求度的认同。我在经营爱彼迎时这一策略屡试不爽。

假设你出价 1000 美元，客人给出的是 800 美元。这时，我建议你出价 950 美元。如果客人仍然坚持 800 美元，请考虑我们之前讨论过的几个方面，再决定是否接受该客人的报价。

额外收费

在爱彼迎上，你可以选择收取额外费用，比如：（1）清洁费；（2）新增人数费；（3）押金。不同的房东收取的费用也不同，你可以根据自己的房屋类型，以及你的经验水平来决定是否收取额外费用。

清洁费

房东有权收取一定的清洁费用。我发现这样做并不会影响订单情况，因为多数客人都会理解为什么收取清洁费。依据公寓面积的不同，清洁费用通常在 25~100 美元之间。

下面，我收集了全球 20 个非常受欢迎的旅游目的地所收取清洁费的情况。

对于新房东，我建议尽量少收一些清洁费。因为清洁费是以通宵计算的。也就是说，客人预订的天数越多，清洁费越低。新房东需要接待大量的短租客人来建立口碑，清洁费低一点更好。如果收取过高的清洁费，潜在客人可能会因此不愿意预订你的房屋。

城市	清洁费（美元）	房间情况
阿姆斯特丹	71	2 卧 2 卫
阿姆斯特丹	36	1 卧 1 卫
阿姆斯特丹	43	1 卧 1 卫
阿姆斯特丹	85	3 卧 2 卫
伦敦	102	2 卧 1 卫
伦敦	43	1 卧 2 卫
伦敦	17	1 卧 1 卫
伦敦	51	1 卧 1 卫
巴黎	128	2 卧 1 卫
巴黎	28	1 卧 1 卫
巴黎	43	1 卧 1 卫
巴黎	107	1 卧 1.5 卫
纽约	75	1 卧 1 卫
纽约	50	1 卧 1 卫
纽约	75	1 卧 1 卫
纽约	60	1 卧 1.5 卫
洛杉矶	120	2 卧 2 卫
洛杉矶	10	1 卧 1 卫
洛杉矶	15	1 卧 1 卫
洛杉矶	20.70	1 卧 1.5 卫

新增人数费

人数增加意味着你的边际成本将增加。更多人入住就表示将有更多人使用水、电、气。定价时，你可以考虑额外增加的客人带来的新增成本。例如，你每晚的定价可能原本是针对两位客人的，每额外增加一位客人就可以多收取 25 美元，以弥补增加的水电费成本。

是否应当收取新增人数费取决于你个人的情况，以及你的房屋可接待的人数预期。我个人认为，收取新增人数费是合理的，因为：（1）额外成本增加了（水、电、床上用品等）；（2）打扰到邻居的可能性增加了；（3）额外增加人数将消耗更多你所提供的物品，如纸巾、零食、咖啡、茶、卫生用品，等等；（4）你可能要多花一些时间为新增客人准备房间；（5）对卧室造成的损耗将会增加。

下一个需要解决的问题是：每新增一位客人应收取多少费用？答案取决于你为每位额外增加的客人所付出的成本。我建议你花一些工夫去计算这个成本。我的房屋定价在 200~250 美元，每新增一位客人收取 25 美元，也就是房租的 10% 到 12.5%。

押金

就像大城市里的一般房东那样，你也可以向客人收取押金，以防止因出租带来的任何财产损失或破坏。客人退房后你有 48 小时来决定是否扣除押金。一旦你认定有财产损失，你的客人可能会接受，同意付款，也可能会拒绝承认造成财产破坏，而向爱彼迎申请调解。

我个人是不收取押金的，原因有以下几点：首先，收取押金会使负责任而没有恶意的客人望而却步，而这部分客人构成了爱彼迎的大多数用户。我有很多朋友和同事都很反感收取押金，因为他们遇到过一些房东曾指控他们造成财产破坏，而事实并非那样。尽管爱彼迎会准确鉴定出伪申诉，但大多数客人都不愿意将精力花在这上面。其次，我家里从未遇到过大的财产损失，除了偶尔摔碎一个杯子或盘子以外。这类事情发生后，我的客人也总是要么重新买一个，要么直接支付我一定的赔偿金。在我看来，偶尔发生一点小事故不构成收取押金的理由。小事故是做生意必然要付出的成本。况且，如果发生了大事故，你也可以申请爱彼迎房东保险赔偿。

　　然而，这也不是说你一定不可以收押金。如果你家里有价值很高而易碎的物品，收取一定的押金可能也是合理的。如果你决定收取押金，我唯一的建议是参考你房屋的基准价格，使之尽量合理。

安娜的故事

在了解爱彼迎之前，我从未将自己的房子用作出租。我在一个大城市过着年轻白领的普通生活，每天起床后，吃点早餐，工作一整天，晚上回家看会儿电视，10 点左右睡觉。对大多数人而言，这样规律的生活方式很好也很容易，但却不是我喜欢的。

第一次听说爱彼迎后我就产生了兴趣。我看到全球各地不同类型的房屋都在向游客出租。刚开始我有点犹豫是否该把自己的房屋也放在爱彼迎上出租，因为作为一名女性，我担心陌生人进入房屋。但做了一些功课后，我发现爱彼迎的使用范围非常广，而且有着极好的业绩记录。

自从开始使用爱彼迎将自己的房屋出租后，我的生活发生了很大变化。首先，我发现仅仅依靠爱彼迎我就可以做到经济独立了。这让我有勇气辞掉了当时对我而言非常无聊的工作。

实现了财务自由，让我有了大量时间去做自己喜欢的事情。我最大的爱好是旅行，于是我去了欧洲和亚洲许多地方，也有时间去看望老朋友，同时也在不断认识新的朋友。我觉得自己是上帝的宠儿。

　　充足的时间也让我有了许多做生意的主意。希望有一天我可以创业成功，同时也很开心可以利用自己的房子获得稳定收入。

　　即使我可以选择将短租改为长租，我也不会那样做。首先，寻找短租房的人们一般都是外出度假的人，他们心情很好，也很友善。这在一开始就能创造很好的气氛。而且，我喜欢带客人参观我的城市，去食物好吃的饭馆，介绍当地的旅游景点，等等。他们也很感激我这样做，这让我很开心。

　　做一名好房东让我非常有成就感，这激发了我帮助他人的热情。我喜欢让我的客人感到开心，他们的笑容让我如沐春风。我将做爱彼迎的一名终身使用者，也会向我遇到的每个人大力推荐它。

Get Paid for Your Pad

第 6 章

顾客

只有一位老板——顾客。
顾客可以解雇从总经理到基层员工的每一个人，
他只要把钱花在别的地方，
就可以做到这一点。
——山姆·沃尔顿，沃尔玛公司及山姆俱乐部创始人顾客的地位至高无上。顾客掌管着一切，他们可以决定你的生意是否可以获利，是否可以扩张到新领域，是否应该永久歇业。对房东而言，你的客人就是顾客，他们是你房屋出租事业中最重要的部分。房东应努力不懈地为顾客创造最好的住宿体验。

如果客人到达时你不在家，可能你将没有机会和他们面对面地交流。但这并不代表你已经输了。你仍然可以远程做一些事情来改善客人的住宿体验，比如通过邮件、电话、短信、Skype 或 WhatsApp 等方式与客人进行沟通。毫无疑问，事情并不总按照人们计划的方向发展。你的客人将不可避免地遇到一些问题。有时候，可能是网络链接不上，或者电视机打不开，抑或由于沟通有误导致管理员忘记帮客人办理入住。这些无法预料的问题都有可能会带来很大的麻烦。然而，仍有一些方法可帮助减少损失。这些问题对你的生意能造成多大影响，很大程度上取决于你如何处理问题，而非问题本身。

最后，房东应尤其重视客人的内在价值。他们不仅付给你房租，给予评价，而且也是作为提供真实生活反馈的来源。客人入住前，无论你准备得如何充足，都可能会有一些疏忽。幸运的是，你的客人最终会发现这些漏洞。向客人申请反馈可以让你及时弥补不足之处，从而有效地做出改善。

与客人沟通

许多游客都喜欢住民宿，原因之一是可以拥有更多与当地人私下交流的机会。如果你和客人沟通得很愉快，可能他们在踏入房屋之前就已经给你打了很高的印象分。

预订前

Sarah

回 复 率：93%

回复时间：几小时内

日历更新：一周前

联系房东

潜在客人可通过两种方式联系你。他们可点击"联系房东"向你咨询相关信息，也可以点击红色的"申请预订"，向你发送房屋预订请求。

咨询

收到潜在客人的咨询信息后，你一定要记得及时回复。星级客户服务的核心之一就是要及时回应客户咨询。毕竟，如果客人联系不到你，你的产品和网站做得再好也没有用。此外，移动技术的发展使得大众的耐心越来越少，人们越发希望能够体验快速及时的客户服务。

因此收到信息后，你应立刻做出回复。有一条黄金法则：每天早上醒来后，第一时间查看是否有咨询信息，并在一小时内对每一条信息做出回复。你可以设置成收到咨询信息后向你发送提醒。作为商人，我一直遵循一小时法则，因而无论是内部客户还是外部客户，对我的服务都非常满意。毫无疑问，客人会感激你为他们付出的额外劳动。

回复信息越快，对你越有利，因为大多数用户会同时联系多个房东。如果你是第一个回复信息的房东，那么你收到预订请求的可能性会相对大很多。

大多数咨询都是像下面这条短消息：

> 贾斯珀，您好：
>
> 请问您的公寓在 5 月 15~20 日可以入住吗？
>
> 谢谢，约翰

我的标准回答如下：

> 亲爱的约翰：
>
> 非常感谢您的咨询信息。很开心您所咨询的那几日我的房屋可以出租，非常欢迎您前来入住。相信您会在这里住得非常舒适，同时也会爱上这个让人惊喜的社区环境。
>
> 如果您有任何问题，可以随时向我咨询。我会尽我所能帮助您，让您拥有美好的入住体验。您预订后，我将向您发送一份关于公寓和社区的详细指南。
>
> 期待您的入住！
>
> 祝好！
>
> 贾斯珀

有时候，客人会咨询一些具体的问题：

贾斯珀，您好：

您的公寓看起来很棒，我有几个问题想问您。

您的公寓附近可以停车吗？公寓里面的楼梯是不是很陡？有没有电吹风？

谢谢，约翰

发送完整详细的邮件回复，是有效响应客人咨询信息非常重要的一点。如果你的客人同时问了你好几个问题，你应该用清晰而得体的语言回答每一个问题。如果你无法给出他们需要的答案，你将很有可能在相同的问题上输给竞争对手。下面是对以上提问比较恰当的一个回复：

亲爱的约翰：

非常感谢您的咨询。我很高兴回答这些问题。

• 您的公寓附近可以停车吗？——我所在的公寓大楼没有停车位，但距离我家正前方大约 30 米外有一个很大的停车场。如果您只是将车停在那儿，他们每天会收取 10 美元的停车费。如果您每天要开车进出停车场，那么他们每天会收您 15 美元。

• 公寓里面的楼梯是不是很陡？——会比一般楼梯陡一点，但我可以确定地说，从未有客人在我家里滑倒过。此外，我的公寓也曾接待过老人和小孩，他们都觉得这个楼梯没有问题。

• 有没有电吹风？——当然有，在浴室里有一个很好用的电吹风。

> **如果您还有别的疑问，请随时联系我。**
>
> **谢谢，期待您的入住。**
>
> **祝好！**
>
> **贾斯珀**

尽量以最简单的形式将客人所需要的信息呈现出来。你的回答中数据要清晰，信息要准确而详细，尽量覆盖客人潜在的一些问题。你的目标是向客人提供一站式的信息，从而促使他们立即预订你的房屋。

还有一条建议：客人咨询中的问题可能是你的网站上没有提及的。因此，如果可行的话，尽量将这些详细信息写入你的房屋介绍中。

预订请求

收到客人的预订请求后，你需要在 24 小时内做出回复。但我必须再次建议你最好在一个小时内完成回复。延迟回复可能会使你错失一个订单及好评，这是很大的损失。

如果你在国外旅行或出差时，网络不是很稳定，那么你应考虑找一位临时助手或实习生帮你管理订单。一定要确保他们可以严格遵守及时回复的原则。

如果你一时找不到合适的人来帮忙，那么你也可以选择暂时将你的房屋"隐藏"。尽管这样做你可能会错过一些订单，但你在搜索结果中的排名不会因为回复时间和频率未达到一般水平而受到影响。

最后，请定时查看你的"未回复"信箱，确保没有漏掉任何信息。

```
所有信息（403）

星标（0）

未读（0）

未回复（1）

预订（164）

收藏（1）
```

线下交易请求

有时候客人会问你可否入住时再以现金支付房租，而非通过爱彼迎系统支付。这样做似乎对客人很有吸引力，因为可以少花 6% 至 12% 的房租。对房东而言，这样做可以免掉向爱彼迎支付 3% 的服务费。

然而，尽管这种做法听起来很诱人，但我坚决不支持这样做。首先，我认为使用爱彼迎的服务，而不向其支付费用，在道德上是不正确的。如果不是爱彼迎，这个交易根本不会发生。爱彼迎扮演了不可或缺的角色，因此理应得到报酬。

其次，不遵守爱彼迎制度只会损害这个平台。其负面影响将会像灾难一样，不仅破坏了爱彼迎，也会影响用户基础，而最终受害的还是你自己。

再次，私自接受现金违反了爱彼迎政策。你选择将自己的房屋挂在爱彼迎平台上，这意味着你接受了这个规则而非私下交易。如果你违反了这些规则，将有可能被永远禁止使用爱彼迎。

最后，通过爱彼迎系统完成交易有许多益处：

• 你将适用于爱彼迎房东保险政策

- 你可以收到客人的评价
- 依据你选择的取消政策，你可免于因客人临时取消预订而造成的损失
- 如果客人在入住过程中发生任何问题或纠纷，爱彼迎将帮你解决
- 因为你也可以给客人评价，因此他们会更尊重"住房守则"，爱惜你的房屋

总之，不要越过爱彼迎去私下交易，不值得。

预订后

确认预订信息后，我会发给客人一封信：

> 亲爱的约翰：
>
> 感谢您的预订！期待您前来入住，我相信你会在阿姆斯特丹度过一段难忘的时光。
>
> 请点击以下链接下载为您准备的"欢迎手册"，里面包含了您在入住期间可能需要了解的一些信息。
>
> <链接地址>
>
> "欢迎手册"中的内容包括：
>
> - 如何找到我的公寓
> - 电子设备和家用电器使用说明
> - 当地旅行指南（内含许多可靠的推荐）
>
> 此外，如果您有任何疑问，欢迎随时通过邮件或电话与我联系。
>
> 最后，如果您已经做好出行安排，请告知您的到达时间和交通方

式。如果您计划坐飞机，请告知您的航班号，以便在您到达前我能做好充分及时的准备。祝您旅途平安！

祝好！

贾斯珀

我将这封欢迎信保存到了我的邮件签名里，并将"欢迎手册"保存在 Dropbox 里面，这样设置后我只需不到 10 秒钟就可以给客人一个既专业又礼貌的回复。如果你有时间，可参考以下链接中的短视频做类似的设置：http://getpaidforyourpad.com/blog/send-guidebook-guests-15-seconds/。

在客人到达前一周，我会再次联系他们确认到达时间，并询问他们是否需要帮助将行李拿到公寓里。

强烈建议你也遵守这些规则，客人可以感觉到你对他们的关心和重视。这样做也是双赢的：你只是多花了一点心思而没有花费任何金钱，客人就感觉到自己很受欢迎。即便客人入住过程中出现了一些问题，你良好的服务态度也使得他们不会轻易给予负面评价。

创建个性化"欢迎手册"

"欢迎手册"是你展示个人风采和创意的好机会。手册里可以介绍这些内容：（1）你家中大大小小的电器和必需品的位置；（2）社区规则；（3）当地午后活动推荐；（4）夜生活地点推荐等。这个机会可让你超越那些大型连锁酒店。尽管五星级国际酒店也有训练有素的接待员，但这些人一般都只会推荐一些与他们有合作关系的饭店或酒吧。而这种商业规则并不适用于你。因为你可以完全代表你自己，给客人提供更加纯粹的建议，客人也因此更放心。

确认入住后，请立刻向客人发送一份 PDF 版的"欢迎手册"。此外，也要打印两份放在卧室里。手册越专业越好，你可以自己添加色彩装订起来，但要记住随着客人的不断翻阅，这些手册通常也很容易磨损。

手册里面至少要包含以下三个方面的相关内容：

- 房屋 / 公寓
- 社区
- 实用建议

客人都非常重视当地人的建议，尤其是土生土长的当地人，他们会很珍惜这样的机会。因此，一定要好好把握这个机会。一本好的"欢迎手册"不仅实用，而且客人很可能因此而给予你好评。

房屋 / 公寓

这一部分用来介绍公寓内的基本陈列。此外，也可以借此给客人讲解家中不同家电的使用方法。不要想当然地认为你的家电使用起来很简单。如果没有说明书，即使是食物搅拌机，第一次使用都很困难。"欢迎手册"中这一部分应当包括以下内容：

- 电——描述电源插座和断路器的位置
- 电视——介绍如何使用遥控器，如何接入闭路网，如何使用 DVD 播放器；准备一份频道清单

- 暖气——说明温控器的位置及操作方法

- 钥匙——介绍不同钥匙的使用方法

- 淋浴——告诉客人如何使用淋浴

- 厨房——解释不同家电（烤箱、微波炉、烤面包机、洗碗机等）的使用方法，以及不同器皿和调料的具体位置

- 垃圾——描述垃圾箱的位置、在哪里存放垃圾袋，以及废弃物应当放在哪里

- 衣物清洗——说明洗衣机或最近的自动洗衣店的位置、如何使用，以及洗涤剂和烘衣纸的位置

- 吸烟——在房间内明确说明吸烟的条件（比如：禁止吸烟，仅允许在阳台吸烟，等等）

- 噪声——向客人说明不允许大声喧哗的时段（比如，晚上 10 点以后禁止大声播放音乐，晚上 11 点以后请轻声说话，等等）

- 聚会——说明是否允许客人（带朋友）在你家中聚会

- 停车——向客人解释哪里可以停车

- 退房检查清单——向客人提供一份检查清单，以便其退房交钥匙前进行确认（比如，天然气已关好，全部电灯都已关闭，门已锁，等等）

社区

这一部分是展示你的家乡的好机会。你经常去的酒吧、青睐的饭店、年复一年光顾过的咖啡店，此时一一浮现在你的眼前。没错，你已经是一位你所在城市的专家了。你可以利用这部分，向那些希望获得新知识的来客们，展示你对家乡的独到见解。

如果想要提供真正的星级服务，我建议你做一份漂亮的清单，上面列出你推荐的景点和饭店，并且加上相关照片、地址和地图截屏、菜单链接（如果那里有食物），以及最佳参观时间。总之，这一部分应包括以下要素：

- 饭店
- 酒吧和迪厅
- 出租车预约号码
- 公共交通地点
- 受欢迎的商场和店铺
- 附近的杂货铺
- 药店
- 旅游景点

实用信息

这一部分可以帮你展示出其他你想展示的各种各样前文所未包含的信息。它就像一个可以装杂物的容器，你可以将随时想到的有用信息放入其中，比如：（1）发生紧急情况该怎么办；（2）医疗服务信息；（3）遇到公寓相关的问题该联系哪些人；（4）夜里很晚如何找到吃饭的地方。

Touch Stay

Touch Stay 是一款方便爱彼迎房东和管理者与客人分享房屋信息

的电子"欢迎手册"，旨在创造一种更加个性化的体验。Touch Stay 方便了人们分享信息，比如交通指引、空调使用说明、附近酒吧和饭店推荐，等等。无论在入住前还是入住期间，客人都可以通过笔记本电脑或移动设备来阅读这些信息。如果您想了解更多关于 Touch Stay 的情况，请查看我在播客上对该公司首席执行官安迪·麦克纳尔蒂的采访。

TINE Tag

作为一款应用程序，TINE Tag 可方便用户将电子便笺贴在任何地方。便笺内容可以是视频、音频、照片等，只要用户使用 TINE Tag 进行扫描就可读取。对于那些使用无钥匙进入系统管理入住和退房的房东而言，这个应用程序可谓非常有用。假如房东没有机会带客人参观公寓，他们只需在需要解释的地方贴上 TINE Tag 就可以了。我自己就在咖啡机、电视机、报警装置以及空调

遥控器上贴了 TINE Tag。如果你想了解更多，可查看我在播客上对 TINE Tag 两位联合创始人内达·图佛和维克·泰拉尼的采访。

Pearlshare: 分享你对家乡的了解

　　Pearlshare 是一款应用于苹果手机的应用程序，它可以帮助房东将其对家乡所了解的所有信息分享给客人，包括推荐当地美食和旅游景点等。这个平台非常有用，因为客人很重视来自房东的真实建议。Pearlshare 可以帮助房东将个性化的建议整理归类，可读性更强。想要了解更多信息可查看我对 Pearlshare 用户体验经理约翰·鲍尔的采访。

取消客人的订单

　　爱彼迎房东有取消客人已预订房屋的权利。世界各地都有因为各种原因取消客人房屋预订的房东，我和他们交流后发现，好房东都是在最糟糕的情况下才会取消客人已预订的房屋，这是毫无疑问的。为什么？因为取消预订会给客人造成极大的不便。因此，我们要尽量避免发生这种情况。

基于对取消预订的影响的认识，爱彼迎对无合理理由取消客人房屋预订的房东制定了如下惩罚措施：

- 对办理入住前七天内取消客人房屋预订的，处以 100 美元罚款。
- 对半年内不止一次取消客人房屋预订的，每增加一次取消次数，罚款金额将在上次罚金的基础上再加 50 美元。

只要房东取消了客人的房屋预订，其爱彼迎页面上会自动出现房东取消的评论。这样的评价对房东很不利，可能会导致未来订单量下降。此外，这样的房东在最近一次取消预订后的一年内，都将没有资格被评为爱彼迎超赞房东。

最后，请不要为了从一位客人那里赚更多钱，而取消另一位客人已有的房屋预订。我曾遇到一位房东，不小心将旅游高峰期房租价格设置过低。当时他知道自己会因此而失去赚更多钱的机会，并认为如果将现有订单取消，很可能会从另外一个订单上挣到三倍于原房价的钱。于是，他取消了已有的预订。但令他失望的是，那两天里再也没有接到新订单。为什么呢？如果房东取消了客人的预订，爱彼迎将自动将该房东的公寓从客户搜索列表中屏蔽，房东也无法将公寓信息重新发布，从而不能赚到任何利润。我个人认为爱彼迎的这一政策非常公平。当然，假如你不小心将价格设置过低，这会使你错过一些额外的收益；但如果真的发生了，我建议不要做任何改变。因为客人已经把信任交给了你，如果你在最后时刻打乱了他们原本的计划，那对他们将非常残忍。因此，不要太在意利益，接受现实，尽力做一名好房东吧。一边经历，一边学习，记得下次设置一个合理的价格。

入住期间与客人保持联系

　　客人到达你的公寓后客户服务并没有终止，整个入住期间你都应当与其保持联系。客人办理入住后，要和他们确认对住宿条件是否满意，并且要鼓励客人在遇到问题时联系你。你能帮他们解决能力范围内的一些问题。下面是我在客人入住期间写给他们的一封信：

> 亲爱的约翰：
> 很高兴您已平安下榻于我的公寓。希望您喜欢这里，喜欢我的家乡阿姆斯特丹。
> 在您入住期间，如有任何问题，请随时与我联系。或者有任何意见或建议，都可以向我发送邮件（邮箱地址）或打电话给我（电话号码）。我希望您在这里度过一个非常愉快的假期。
> 祝好！
> 贾斯珀

你的客人离开后，应发送最后一条信息：

> 亲爱的约翰：
> 我希望您在阿姆斯特丹、在我的公寓里度过了一个难忘的假期。您是一位非常好的租客，感谢您对我公寓的爱护。
> 我一直在努力为客人创造最好的入住体验，如果您对我的服务有任何意见和建议，请告诉我。

如果您在这里住得开心，烦请在爱彼迎上写几句简单的评语，和其他人分享您的故事。这将有助于后来的客人了解我的公寓。我真诚地向您表示感谢！

最后，我也为您写了好评，因为您是一位很棒的客人。这个评价有助于您未来继续入住爱彼迎房屋。

祝您一切顺利，欢迎您再次下榻我的公寓！

祝好！

贾斯珀

请注意我特意请求客人做出入住反馈。我这样做是因为客人开心时一般倾向于不留反馈意见。研究表明，客人心情好时通常会和五个人分享他们的经历，而生气时则会向十个人传播他们的不满。因为我希望多一些好评，所以不断鼓励那些对入住满意的客人给我写评语。否则，满意的入住体验得不到宣传，我的口碑也很难建立起来。此外，鼓励客人进行反馈也是获得建议、改善那些仍存在的小缺点的好机会。

客人入住期间产生的问题

即便你是完美房东，是五星级房屋管理员、礼宾员、导游，问题还是会照样出现。做任何生意都会遇到问题。遇到问题时，记得保持冷静。闭上眼睛，深呼吸。这个时候要尽量减少损失。你最不希望的是得到客人的负面评价，因此，要想尽一切办法让客人冷静，从而降低负面影响。

摔坏东西

无论你那些家电产品多么新潮或技术上多先进，它们终有一天会无法继续使用。电灯泡、微波炉、真空吸尘器以及其他家庭用品都有终止工作的一天。当某个物件不能使用了，别立刻责怪你的客人。先仔细检查损失，诚实地判断它是否属于自然损坏。只有非常明显可以看出是由于人为不负责，或粗心导致的损坏，你才可以提出责任划分。但你得明白，任何企图让客人补偿损失的行为都可能会牺牲最后的好评。也就是说，你赢得了一场战役，但你输掉了整个战争。因此，我建议你谨慎决定，必要时再要求赔偿。如果你已确定是客人的原因导致财产损失，你可以要求补偿。如果客人不承认，拒绝赔偿，你可以向爱彼迎申请仲裁。爱彼迎将收集双方对事件的陈述，分析后做出判断。依我的经验看，爱彼迎的仲裁过程非常公平和高效。

生气的客人

问题发生后，每个客人不满的程度都有所不同。有些客人可能只是告诉你房间里有一些小问题，也有人会在办理入住后因对房间不满意而索性离开。根据问题的严重性和客人的反应，问题也许可以解决，也可能解决不了。无法解决时，如果你能以恰当的方式处理，仍然可以挽救自己的名声。

可解决的问题

问题发生后，你应先判断该问题是否可以解决。如果可以，就解决问题。我碰到过的问题有：

- **没有烤面包机**——有的客人对于早上没办法烤面包吃感到非常失望。烤面包片是他们早餐不可缺少的食物，因此很介意没有烤面包机。于是他们就此事联系了我。我希望客人能多一些开心的事，而且烤面包机的价格也比较便宜，于是就让清洁阿姨当天给他们买了一个。这个问题因此解决了，客人很开心，我家里也添了一件可以使更多客人受益的家电。

- **Xbox 游戏机坏了**——2012 年 9 月，我接待了四位男大学生，他们不仅想玩遍阿姆斯特丹，还想组队打电子游戏联赛。然而不幸的是，他们和我一样不知道我的 Xbox 游戏机已经坏了。他们告诉我这个情况后，我联系当地电子产品商店送去了一个全新的 Xbox 机。后来我也因此得到了他们的五星级好评。

- **卧室太冷**——有一对夫妻因为看到走廊布置得很浪漫而选择了我的公寓，但令他们沮丧的是，由于房间里有一片暖气不制热，整个卧室的温度很低。我怎么做的？立即请人修好了暖气片。后来，他们住得非常开心。

你是否注意到了这几个故事中的共通之处？如果问题可以解决，我就马上解决。如果你能立刻帮助客人解决问题，那就不会引起他们的不满。只要你的应对措施恰当而及时，客人就不会责怪你。事实上，比起没有问题发生，你能快速解决问题反而会带来更多好评！

无法解决的问题

有些时候，问题不是你所能解决的。一方面可能是因为该问题无法在短期内解决；另一方面可能是一些外因导致你无法解决（比如网络服务器不稳定，邻居太喧闹，等等）。

当你遇到无法应对的挑战时，请尝试这样做：

1. 为给客人造成的不便表示真诚的歉意——即便客人遇到的问题不是由你或你的公寓造成的，仍要向他们表示歉意。

2. 承担额外产生的费用——如果客人因为周围环境太吵不得不买耳塞，你要主动承担耳塞的费用。

3. 退还部分金额给客人——退还多少钱给客人是一个非常微妙的问题，它取决于很多因素。尽管如此，我建议你尽量多补偿一些。这样尽管短期内你有一些损失，但却可能因此得到一个好评（或者至少避免了一个负面评价）。

你可能认为这些建议太过了，但长期来看，它们将有助于你的公寓在爱彼迎上评价和排名的最优化。首先，因为很少会遇到解决不了的问题，如果你主动一点去处理问题，你的收入也不会受到太大影响。其次，采取果断激进的措施将在很大程度上减少负面评价。最后，说到退还款，我的客人通常都不会接受退款，而是向我的诚意表示感谢。

下面是我自己的一些经历：

• **客人办理入住时房屋尚未清理**——有一次我接待了从美国来的

两对夫妻，但我和清洁阿姨沟通时说错了客人入住时间。于是，客人进入时房间尚未清理。毫无疑问，客人很生气。虽然清洁阿姨后来把房间打扫干净了，但不该发生的事情已经发生了。为缓和客人的情绪，我提出退还部分租金。客人很开心地接受了这部分退款，并且也没有给我负面评价。

• **自动烘干洗衣机坏了**——我的公寓之所以吸引了很多游客，原因之一是我家里有一个自动烘干洗衣机，而周围的邻居家一般没有。有一次，客人来了之后，发现洗衣机坏了。我去了几个修理店都没能及时修好。客人需要洗衣服，后来不得不去附近的洗衣店洗。我认真地向客人道歉，并主动提出承担洗衣费，且退还部分房租。客人向我表示感谢后，告诉我不要担心费用问题。尽管洗衣机的损坏给他们造成了不便，但我的客人并未给我负面评价。

• **因晚归被锁在门外**——有一次我接待了一群前来度假的澳大利亚大学生。他们很喜欢这里丰富多彩的夜生活，于是一有空就去探索周围的饭店和酒吧。某个夜晚，他们喝得烂醉如泥地回来，以至于打不开公寓门。由于是深夜，这些大学生联系不到我和清洁阿姨。于是，他们只能到附近的酒店住一晚。第二天早上，我匆匆赶到公寓，惊讶地发现，锁和钥匙都没有问题，只是他们没有用对力气。尽管门锁没坏，我仍然主动提出补偿他们住酒店的费用。后来，这些大学生只收了一半的钱。他们最后也给出了五星级的好评！

如何应对想要离开的客人

即便你的公寓整洁如新，也会遇到对房间不满意的客人。发生这种情况时，你有几个选择。我建议你在客人答应不给负面评价的条件下实行退款。你当然也可以收费，但我会在短期利益与可能出现的负面评价间权衡。因为这种情况也很少发生，最好是选择保护自己的口碑和长远利益。

退款

有两种退款方式。首先，如果客人在办理入住前取消预订，你可以使用爱彼迎"退款"选项，这个选项可以让你选择退款金额而不受自己设定的退款政策限制。3% 的房东付费将从你最终的收入中抽取。

而对于所有其他情况下的退款，你可以使用爱彼迎的"调解工具"（可在"调解中心"找到）。你只需选择客人的房屋预订订单，输入房租金额和货币单位，再向客人发一条短消息。记住，所有退款都是一次性的，这个工具只能使用在前 30 天内发生的房屋预订上。

客人的反馈

收集客人的反馈意见对你的成功非常关键。根据客人提供的实时反馈，随时对公寓情况及介绍进行调整，这样可使客人的满意度最大化。这里有几种得到反馈意见的方法。

评价

客人在你的公寓住过后，就有权利给你写评价。希望你收到的评价都是赞美和感激之词。然而，如果收到一些真诚且具有建设性的批评建议，也请耐心接纳。如果没有反馈意见，你将无法有效地改善居住空间。因此，你应将负面评价看作一次可以带来改善的机会，而不是一味地沮丧。

私信反馈

爱彼迎允许客人留下私密反馈意见，这些私信只有房东可以看到。通过私信的方式来反馈问题，比直接在评论中反馈让客人感到更舒服，因为后者可能会对房东的口碑不利。如果你愿意鼓励客人提出建议，我建议你让客人以私信的方式反馈问题。

向客人申请反馈

客人离开后，要在感谢信中鼓励他们给你提出反馈意见，着重表达你对反馈建议的感激，以及你希望不断提升客人满意度的心愿。

认真对待反馈

收到反馈很好，但如果没有相应行动，反馈也将失去意义。听取客人想法和建议的目的是做出必要的改善。处理客人的反馈意见时，最好先放下自我。即使你认为你的公寓已经非常完美了，它也一定还有改善的空间。再者，不同人从不同角度的评价有非常大的差距。尽量不要只从你个人的角度去看待建议。

接受预订

我被问得最多的一个问题是:"你难道不担心陌生人进来把你的屋子弄得像垃圾场一样吗?"老实说,我一点都不担心,原因有很多,下面我会分几个部分来解释。

选择客人

爱彼迎允许房东独立自主地决定接受或拒绝某一位客人的预订请求。拒绝某个订单并不会受到惩罚。但是,请注意经常拒绝订单将影响你的"接单率",这是爱彼迎计算你的搜索排名时所采用的衡量标准之一。因此,我建议你必要时再拒绝订单,而非滥用这一权利。

我个人更喜欢将房屋租给年龄较大的夫妻或以家庭为单位出游的人。我发现,通常这些人的行为举止更温和。然而值得注意的是,我的客人大部分都是喜欢聚会的年轻人。这也好,我对接待任何类型的客人都秉持开放态度,但接到这些喜欢聚会和夜生活的年轻人的订单时,我也会谨慎考虑。

判断是否该接受潜在客人订单的最便捷的方式,就是去查看他们的简介。你可以快速浏览他们的身份认证,以及曾经受到的评价。

如果潜在客人尚未收到任何评价,这并不表示他们就不可信。他们可能是非常有责任心的成年人,但却是爱彼迎的新用户。如果你考虑接待新人,那么你就得深挖一下他们的情况。比如,你可以选择通过"讨论"选项与潜在客人进行对话。你可以询问任何相关的问题,比如:(1)你为何来这座城市?(2)有多少人与你同行?(3)你希

你的当前认证

邮箱
你已确认邮箱地址为：jasperairbnb@gmail.com。此邮箱可确保我们能与你
沟通。

电话号码
待确认，此电话只与你接待的爱彼迎客人分享。

Facebook
使用 Facebook 账号登录，发现更多来自全球各地
值得信任的房东和客人。　　　　　　　　　未链接　？

Google
将爱彼迎账号与 Google 账号相关联，
登录更便捷。　　　　　　　　　　　　　　未链接　？

LinkedIn
将爱彼迎账号与 LinkedIn 账号相关联，
创建你的职业生涯链接。　　　　　　　　　未链接　？

望在这里做或看到什么？（4）空闲时你通常喜欢参加哪些类型的活
动？等等。

即时预订

爱彼迎房东可以选择接受客人"即时预订"，也就是潜在客人无
须等待房东同意，便可立即成功预订住房。

如果选择使用"即时预订"功能，你仍然有两种方法可以过
滤潜在客人。首先，你可以要求申请人必须是有"好评"的客人。
其次，你可以选择设置"即时预订"生效前接收通知。你可以选择
在"即时预订"生效前当天提前几小时，或提前三天到七天接到
通知。

房客将通过下列方式预订您的房源

1. 符合条件的房客才会找到您的房源

任何想要预订您的房源的人都需要确认联系方式，提供付款信息，并告诉他们的旅程。

2. 谁可以预订由您规定

要在不需要发送请求的情况下预订可订日期，房客必须同意您的规则，并满足您设定的所有要求。

我想审核每一个预订申请

3. 房客预订后，您将收到通知

您会立即收到确认电子邮件，其中包含了旅行目的、抵达时间、同行人员等信息。

每年可无责取消即时预订三次

开通"即时预订"功能后，房东将比手动选择客人面临更多风险。尽管开通"即时预订"可增加预订请求，但房东会失去主动识别客人的机会。因此，只要房东有合理理由，爱彼迎就允许房东取消客人的即时预订请求，但一年内最多可无责取消三次。如果你需要在客人办理入住后 24 小时内取消即时预订，请联系爱彼迎。如果是客人入住 24 小时以后取消他们的预订，请按照如下步骤操作：

1. 进入你的订单页面，找到你想取消的订单；

2. 点击"改变"或"取消"；

3. 选择"我对客人的行为举止感到不舒服"；

4. 写下一条取消订单的原因。

只要你完成了这几步，爱彼迎就将免去你取消订单的责任，并帮客人找新的地方入住。我个人从未取消过任何订单，包括即时预订的订单。然而，如有特殊情况发生，这确实是一个安全保障。

爱彼迎房东保险

爱彼迎房东保险可弥补高达 100 万美元因客人盗窃和故意破坏所造成的财产损失。尽管该保险听起来保额丰厚，但并不能保证爱彼迎可以赔偿你每一笔损失。

据爱彼迎官网介绍，在你申请爱彼迎保险前，"你必须尽最大努力向造成损失的责任方客户索要赔偿。若你无法在合理期限内向客人索要到赔偿，你必须向除了客户和爱彼迎以外的其他合理的个人或组织申请赔偿"。

也就是说，在尝试申请爱彼迎房东保险前，你得先向你的客人索赔。如果未能成功向客人索赔，你的下一个方向是寻求房东的保险政策支持。爱彼迎房东保险只有在前两者都无法获得赔偿的情况下才适用。此外，爱彼迎房东保险对以下财物损失不负责，包括现金、证券、宠物、珠宝和艺术品等。

如果你家里发生的财产损失需要全部通过爱彼迎房东保险来补偿，你必须在该损失发生后 14 天内，或在下一位客人到达前向爱彼迎申请索赔。

最后，爱彼迎房东保险并不保障你财产中的共享或公共区域。这一限制意味着对公寓楼和小区中公共空间的损失补偿将被排除在外。

我建议你为自己买一份包含房屋交换和短租行为的业主保险。在美国，财产保险包含了专门针对短租业务客户的保险计划。

多数人是善良的

如果你仍担心客人会破坏财物，我想告诉你，发生重大损失的情况少之又少。我个人接待过 250 次客人，从这些经历看，客人都会非常尊重我的房屋空间。也就是说，大多数人本性是善良的。过去几年，我几乎从未遇到过非常棘手的问题。切记不要因为对未知的恐惧而错过挣钱的大好机会。

与单人间租客互动

如果你只是把自己家里的单人间出租给了客人，那么很可能你需要和客人共享家中的公共空间。比起整租，出租单间有几个好处。首先，你有更多时间与客人进行私下交流。其次，因为和客人的物理距离很近，这使你更方便回答客人的问题，或者给他们一些旅行建议。你还可以给客人做一些家常菜，拉近与客人的距离。我建议你为他们准备早餐，因为早餐相对容易做，而且也普遍受欢迎。

一定要事先与客人明确交流，让他们提前对房屋情况做好心理准备。比如，告诉客人你是否会邀请朋友过来、什么时间段禁止喧哗、客人入住期间你是否在家等，预防客人入住期间产生不快。

尽管尝试与客人建立友好关系的想法很好，但请把握好关系的分寸。你要尽量去了解客人的想法和行为。比如，有些客人可能不希望旅行期间和陌生人关系太近。内向的人更喜欢独处，这时如果房东太过热情，对他们将会是困扰。此外，请尊重客人的隐私。进入客人房间前请先敲门，切记不要在房间里留下太多你个人的印记。

成为爱彼迎超赞房东

首先，成为一名"超赞房东"并不像拥有了一件钻石首饰，或找到一份报社记者的荣耀工作。但那依然非常酷。获得爱彼迎超赞房东称号就像工作中赢得了星级评价，在一次艰难的考试中取得全优成绩，或你的篮球队获得了众所渴望的最佳球队称号。这意味着你表现得非常好。同时，它也是你在短租业务中表现得兢兢业业的最好证明。比起普通房东，客人将更有可能预订你的房子，这使你在短租中的赢利能力得到了提升。

其次，超赞房东这个称号并不是由爱彼迎决策层单方面授予的，而是由大众，也就是爱彼迎社区决定的。房东只要在近 12 个月内在以下四个方面表现优异便可获得"超赞房东"称号：

1. 答复率高——对咨询问题的客人，你的回复率至少应在 90%。

2. 遵守承诺——除非有特殊情况，否则你不得取消任何已确认订单。特殊情况包括但不限于：（1）家中有人死亡；（2）重大疾病发生；（3）该国发生自然灾害；（4）该国发生政治动乱；（5）重大财产损失；（6）因房屋处于维修中而无法接待客人。

3. 五星评价——你收到的评价中至少 80% 是五颗星，这些评价必须是客人对你的初次评价，而非在你的房屋页面上看到的个人评语上的评分。如果你收到的评价中 80% 以上是五星，但收到的评语却不足 50%，那么你将无法被评为超赞房东。

4. 待客经验——近一年你必须完整接待客人超过 10 次。

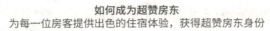

如何成为超赞房东
为每一位房客提供出色的住宿体验，获得超赞房东身份

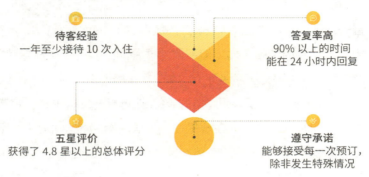

待客经验
一年至少接待 10 次入住

答复率高
90% 以上的时间
能在 24 小时内回复

五星评价
获得了 4.8 星以上的总体评分

遵守承诺
能够接受每一次预订，
除非发生特殊情况

成为超赞房东有什么好处呢？你是指除了感觉良好以外的其他好处？当然啦！超赞房东特别享有以下福利：

超赞房东奖章
这个称号象征值得信赖的待客之道，网站上的房客都能一眼看到。

超赞房东福利
每连续一年保持超赞房东的称号，您都可以选择 100 美元的旅行基金，或获得在任一现有地区的免费专业摄影。

优先支持
致电爱彼迎，获得优享客服。

活动邀请
出席您所在地区爱彼迎举办的独家活动和产品发布会。

① 你的所有爱彼迎页面都将有一枚超赞房东奖章；
② 爱彼迎旅行优惠券（获得超赞房东奖章一年后可用）；
③ 优先使用爱彼迎新功能、新产品和新服务；
④ 优先得到爱彼迎团队的技术支持。

超赞房东评估工作每三个月进行一次，评估日期分别是每年的 1 月 1 日、4 月 1 日、7 月 1 日和 10 月 1 日。如果你在这些日期前满足了超赞房东的标准要求，你就将获得爱彼迎超赞房东奖章，不过这枚奖章需要在评估完成后过几天才能出现在你的爱彼迎页面上。整个过程都是系统自动完成的，爱彼迎员工无法手动操作。

请记住，成为超赞房东之后，你需要继续满足评价项目要求，以便下一个评估日期到来时仍保持超赞房东地位。

乔丹的故事

2012 年，我决定从华盛顿特区搬到洛杉矶去住。我的家人早已搬到了西海岸，我正好去和家人团聚。而且洛杉矶气候宜人，夜生活也极为丰富，这两点尤为吸引我。

到达洛杉矶后，我惊讶地发现当地的房租比华盛顿便宜很多，我自己便能负担得起一个两室一厅的公寓。我打算把屋里多余的卧室当作私人项目办公室，或偶尔用来接待我的朋友。

一个周末午后，我正在一家运动酒吧和几个华盛顿朋友观看球赛。通过其中一个朋友，我认识了朱利安。朱利安漂泊不定，大部分时间都在全球各地旅行，没有固定居住地址。随着聊天的深入，朱利安和我谈起了爱彼迎。他说自己旅行时从来不住酒店，而是通过爱彼迎入住当地民宿。这个话题吸引了我。听起来是个不错的看世界的方法。回家后，我查阅了很多有关爱彼迎的材料。我不仅被爱彼迎租房吸引，还开始研究如何成为爱彼迎房东，因为我家里闲置的卧室正好适合做这项业务。

查看了社区其他几家做爱彼迎短租生意的伙伴的网页后，我创建了自己的爱彼迎主页，并上传了一系列漂亮的照片，每一张都有详细的描述。于是，我的新事业就这样启航了。

加入爱彼迎社区后，我对自己的收获非常满意。每个月我都会收到许多想要入住单人卧室的申请。如果我想接待某位客人，那就接受其申请。如果不想，就不接受预订。通过这间卧室挣得的收入可以帮我支付一半的房租，而且这只是在入住率为 30% 时的情况。如果我想让更多客人入住，那么赚得的收入也将更高。但我仅将从爱彼迎赚得的钱视为一份额外津贴，我只想在自己觉得舒服和方便时做这件事，而非努力使入住人数最大化。

做爱彼迎短租生意的过程中我认识了一些有趣的人。因为我倾向于和性格相似的人做朋友，所以通常也会和这些人交流更多。这让我认识了来自欧洲、亚洲和南美洲的朋友。目前我正在计划通过几次长线旅游去看望我在全球各地的客人。总之，对我而言，经营爱彼迎让我收获颇丰。

Get Paid for Your Pad

第 7 章

评价

我认为建立反馈机制非常重要，
只有那样，你才能持续反思你所做的，从而不断做到更好。

——埃隆·马斯克，太空探索技术公司（SpaceX）联合创始人

客户评价是服务业的基础。酒店、饭店、培训师、健身教练、房产中介、家教，以及其他任何以服务为基础的职业都依赖客户评价而存活。随着全球化的发展，社交媒体充斥在生活中的方方面面，客户评价的作用不容小觑。尽管广告及市场营销仍然很重要，但决定商业投资成功与否的最终因素仍是消费者的评价。

爱彼迎评价系统是房东为自己建立口碑的好机会。但请留意你的每一个举措。如果你对待自己的第一批客人就粗心大意，那么你的爱彼迎搜索排名可能会下降，甚至最终导致经营失败。然而，如果你细心认真地接待了第一批客人，那你便可能树立起牢固的声誉，赢得长期好评。牢记这一点将有助于你爱彼迎生意的长远发展。

成为爱彼迎房东后，你的首要任务是尽可能多地赢得好评，因为这将使你在以下三方面受益：

1. 搜索结果中排名更靠前——好评率是爱彼迎决定搜索排名的参考因素之一。收到的好评越多，该房屋在其所在城市和社区中的搜索排名就会越高。

2. 收获更多潜在客人点击率——用户搜索房屋时，首先看到的是每一家的首页图片，图片上标注着零星的信息，其中最吸引眼球的信息便是该房屋收到的评价数量，通常这个信息在图片右下角。

好评数量越多，客人点击你房屋主页的可能性就越大。这一现象背后的原因是"社会认同"概念，即人们普遍喜欢的产品通常质量也更高。人类天生容易被受欢迎的产品和服务所吸引。

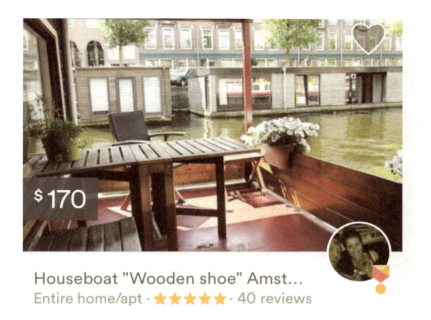

Houseboat "Wooden shoe" Amst...
Entire home/apt · ★★★★★ · 40 reviews

相反，如果你收到的评价很少，用户可能会认为你的房屋质量也不高。

3. 从查询到预订的高转化率——好评越多，浏览并实际做出预订选择的用户数量也会越多。伴随高好评率而来的高信任度通常也推动客人最后做出下单决定。

爱彼迎评价系统

爱彼迎评价栏由两部分构成：（1）一个"客户总体满意度"评分项目，这个项目又分为六个子项目，分别由客人从五颗星中选择评价；（2）一条对入住体验进行总结的手写评语。

客户总体满意度

40 Reviews ★★★★★

Search reviews

Highlights

Recommend (14)	Clean (10)	City (9)	Area (7)	Location (6)
Comfortable (6)	Key (5)	Town (5)	Restaurant (5)	
Spacious (5)	Kitchen (3)	Arrival (3)	Host (3)	Convenient (2)
Cosy (2)				

Summary

Accuracy	★★★★★	Location	★★★★★
Communication	★★★★★	Check In	★★★★★
Cleanliness	★★★★★	Value	★★★★★

"客户总体满意度"评级包含六个要素：（1）如实描述；（2）沟通交流；（3）干净卫生；（4）位置便利；（5）入住顺利；（6）高性价比。

其中四个要素是你可以把握的：如实描述、沟通交流、干净卫生和入住顺利。在这几个要素的得分上你都应当是五颗星。如果你细心地招待了客人，那他们也应当给你五颗星。如果没有得到五颗星，那么你一定在某些方面服务不周。下面我们挨个分析如何将每一个要素的评分最大化。

- **如实描述**——这个评分标准代表房屋实际情况与你在爱彼迎网页上所展示的房屋形象之间的关系：客人在你的主页上看到的照片是否真实体现了房屋面貌，实际所能使用的家电设施与描述是否一致，与夜生活地点接近程度的描述是否属实。你要确保在网页上真实地展示了自己的房屋。切忌承诺一些你无法实现的事情。
- **沟通交流**——在客人到达你的住所之前、住宿期间以及客人离开后，你都应与他们进行沟通。非常关键的一点是，你要及时回复客人的问题。关于星级沟通的标准，请复习"与客人沟通"这一部分。

- **干净卫生**——记住，要像五星级酒店一样保持房屋整洁。房屋内的每一寸空间都应当干净无瑕。如果客人在这一要素上给你的评分不高，一定要让他们给出更明确的反馈意见。一旦你知道哪里不够干净，要立即做出补救。关于如何保持房屋整洁的建议，请回看"日常房屋清洁"那部分。

- **位置便利**——这一评分你无法控制，也许你家的地理位置十分优越，也许不那么好。然而，仍有办法可以帮你提高这一要素的评分，而无须你大费周章地搬家到市中心。比如，如果你向客人提供了关于当地交通、饭店、夜生活及周边旅游景点等非常详尽有用的信息，即便你的住所地理位置略偏，客人依然可以将他们的旅行收获最大化。提供这些信息最好的办法就是制作一份详细而实用的"欢迎手册"，本书关于"欢迎手册"这一部分有详细介绍。

- **入住顺利**——办理入住很简单，然而如果你管理不当，客人的整体入住体验也会大受影响。请记住客人到达你家前刚刚结束了一段漫长而辛苦的旅程，他们不想在你公寓外再做原本不必要的等候。关于如何顺利办理入住，请查看入住部分的讲解。

- **高性价比**——尽管这一评分标准听起来很直接，但正确解读价格却很难。你最初的目标或许是争取得到五星级评价，但这个目标可能并不能带来收入最大化。如果你在这一要素上的得分是清一色的五星，你的房屋预订率达到 80% 以上，此时你的房屋定价可能过低。如果发生这种情况，你应适当调高价格。我建议你按照 10% 的比例往上调整价格，直到你的房屋预订率开始下降。

当你发现自己在价格上已经占到优势，而同时房屋预订率依然较高时，你的利润也在向最优化发展。在这个阶段，不要担心在这个要素上的评分会变低。你的房屋在搜索结果中的排名可能会略微下降，但总体上影响不会太大。

评语

评语可以反映出客人非常个性化的入住体验。这是你的客人用自己的方式和未来客人的一次交流。尽管星级排名是潜在客人最关心的，但他们通常也会浏览以往客人所留下的评语，从而得到关于该房屋更为个性化的认识。因此，鼓励客人在离开时留下评分和评语非常重要。

收到好评

我一直在努力成为一名好房东。我也非常感恩我的客人给了我非常高的评分，评语中也有许多称赞，我想这是客人对我所付出的努力的认可。我一年中有 10 个月左右都在外旅行，因此很少有机会亲自迎接客人。但我细心挑选了一位非常尽责的房屋管家，因而所取得的评分依然非常高。

获得好评最好的办法是与客人建立牢固而真诚的关系。如何建立这样的关系呢？简言之，做一名出色的房东。如果你已落实了本书之前章节所给出的全部建议，那么你离收到纯好评就不远了。再次提醒，有以下几个关键点可确保你得到好评。

你的房屋一定要保持清洁

我已经在"日常房屋清洁"这部分提到，你的房屋空间必须一尘不染。请不要试图在打扫卫生上省钱。相反，你要做的是在这方面投入更多。对于负责的清洁人员，多给一些报酬毫无疑问是值得的，你应视之为一种投资。而且，如果你的屋子看起来整洁如新，客人将其弄乱或破坏财物的可能性也会更低。

家中物品应确保都可以使用

你在房屋主页上所介绍的所有家电器材都要确保可以使用。客人之所以选择你的公寓，是因为相信你所说的。因此，要注意检查是否有损坏或遗失的物品。一般情况下你要检查以下几个方面：

- 暖气
- 空调
- 淋浴
- 厨房用品
- 电视机
- 无线网络

尽量与客人建立良好关系

无论你准备得如何充分，家中物品如何齐全，获得好评最重要的一点是让客人感受到你对他们的关心。如果你总表现出愿意花更多时间和精力去为客人创造更满意的入住体验，那么在客人退房时，他一定会给你好评。记住要询问客人的个人偏好，从你个人角度给他们一些建议，甚至可以和客人分享一些你自己的故事，从而与客人建立更紧密的联系（如果你的客人也和你分享他们的故事）。假如你能在这短短几天内和客人建立良好关系，那么即使有一些失误，也会得到原谅，而且客人也将感恩你的热情好客。

为你的客人写一条好评

正如我一再提到的，拥有大量好评是获得无止境客源的唯一好办法。确保自己收到好评的方法之一是先给客人写一条好评。

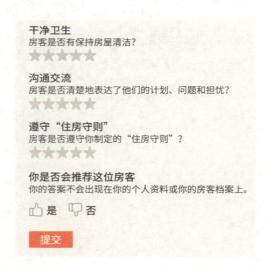

你可以从三个角度来评价你的客人：（1）卫生情况；（2）沟通情况；（3）是否遵守"住房守则"。一般情况下，在这三方面我会全部给客人五星，除非遇到特别严重的问题。关于是否将此客人推荐给其他爱彼迎房东，我也选择"是"。通常客人退房时我就会给他们做出评价。

此外，我也会特别向我的每一位客人发一封私信。以下是我写过的一封私信：

> 亲爱的约翰：
> 非常感谢您！我希望您在我家里度过了一段快乐的时光。如果您以后还会来阿姆斯特丹，请与我联系！
> 祝好！
> 贾斯珀
> 附：因为您是我遇到过的非常好的一位租客，我已给您做出五星级评价，以帮助您在未来预订到喜欢的爱彼迎房屋。

请记得告诉客人你给他们做了特别的好评。这一点非常重要，因为客人只有给你做出评价或退房 14 天后才能看到你给他们的评价。

要求客人给予评价

如果第一次发出评价请求后你的客人并未做出评价，我建议你一周后再发一条提醒信息。我一般会这样写：

> 亲爱的约翰：
> 打扰了，在此我想提醒您为我做出评价。评价对爱彼迎房东而言非常重要，我需要您的评价来保持良好的口碑。此外，我也希望不断改善居住空间，非常感谢您给我提出的每一条反馈意见。
> 我已经为您写了评语。因为您是一位非常优秀的租客，我在所有

> 评分要素下都给您做出了最优评价。希望这对您在未来预订爱彼
>
> 迎房屋有帮助！
>
> 再次感谢您！
>
> 祝好！
>
> 贾斯珀

客人只有在退房后 14 天内可以给房东评价。如果退房 12 天后，客人还未评价，我会发送最后一条信息尽力说服他们给予评价。一般我会这样写：

> 亲爱的约翰：
>
> 希望您一切顺利。在此我想最后一次提醒您帮我写一条评语。客
> 人只有在退房后 14 天内可以评价房东，马上就到可以做出评价的
> 最后期限了。
>
> 如果您有空，麻烦简单写几句您的入住体验，我非常感激。
>
> 再次感谢！
>
> 祝好！
>
> 贾斯珀

负面评价

即便你是在每一个服务细节上都可以称得上非常尽职的优秀房东，

你也不可能让每一位客人都满意。一定会遇到某位客人，因为入住期间发生了一些难以避免的问题，而借由负面评价来发泄他的不满。如果真的发生这种情况，请确保及时对客人的评价做出回复，以尽可能降低影响。

认真对待负面评价

如果你收到了负面评价，不要置之不理。请直面批评。没有无缘无故的投诉，客人在表达不满时一定是有原因的。你的任务是认真分析客人投诉的原因，并识别出未来可以改善的地方。不要让自我情绪占据上风而影响你优化居住空间。

做出回复

虽然你无法将客人已经留下的负面评价抹掉，但你可以做出相应的回复。爱彼迎房东可以在客人评价后 14 天内做出回应。我建议对每一条评价都进行回复。这体现出你十分在意自己的客人，同时作为房东你也是最大的赢家。回复好评时，只需表达对客人的感谢之意并欢迎他们未来再次下榻。遇到负面评价时，恰当的回应是非常必要的。切忌表现出争辩的态度。相反，你需表达歉意并让客人感受到你认真对待了他们的投诉。此外，你需说明自己会尽快解决相关问题，以确保未来不会出现类似的问题。最后，请表达如果客人再来，你愿意再次接待他们，并给予相应折扣。这种尝试做出改善的积极态度可以让人感受到房东希望尽一切努力为客人提供星级服务。

下面是一例负面评价：

> 我们对这个公寓非常失望。浴室不干净，毛巾也不够用。半夜总被外面的噪声吵醒。我们再也不会住在这里了。
>
> 约翰

通常回复这样的评价时，我会针对客人提到的每一条问题一一进行回答。约翰在这里主要提到了三点：（1）浴室卫生；（2）毛巾数量；（3）夜间噪声。此外，我会真诚地道歉，并邀请客人下次再来且以折扣价入住。我的回复信息通常是这样的：

> 亲爱的约翰：
>
> 听到您对此次入住不满意，我感到非常抱歉。作为房东，我一直在努力做到最好。我也很遗憾没能满足您的期待。感谢您提出的反馈意见，我会不断改进，从而为我的客人创造更好的居住体验。读完您的评价后，就您提出的问题，我与房屋管家和清洁工开了一次小会，并做出以下改进：
>
> 1. 我已告知清洁员要加倍关注浴室卫生；
> 2. 已添加四块新的毛巾；
> 3. 已为未来的客人准备好了一次性耳塞。
>
> 希望您以后有机会再次入住我的公寓，从而让我弥补之前的服务不周之处。如果您下次还选择我的公寓，我会很乐意给您 50% 的折扣。再一次向您表示真诚的歉意。
>
> 祝好！
>
> 贾斯珀

这样的回复主要完成了两件事：

1. 它表明对于约翰的不满我愿意承担全部责任；

2. 它告诉客人我已及时做出了相应的改变。

简言之，直接而诚恳的回复可以体现出你对客人居住体验的关心。如果这样的评论非常少，那么一个恰当的回复就可能会消除负面评价带来的不利影响。事实上，如果你处理得当，可能你会赢得比以前更好的口碑。

克里斯托夫的故事

我和太太一直梦想着有一天可以生活在芝加哥。那座城市充满了各种各样有趣的活动,那里的夏天充满活力,令人激动不已。在芝加哥工作多年后,我意识到是时候与这座可爱的城市建立一种永久的联系了。于是,我和妻子在芝加哥市中心买了一套三室一厅的公寓房。

拥有一套公寓让我们的生活多了许多乐趣。几乎完美的地理位置让我们可以经常组织朋友聚会,日常生活也更加便捷舒适。但住在这里一年多后,我们发现家里多余的空间几乎从未使用过。没错,等我们有了小孩子后会需要这些卧室,但毕竟还有一段时间。

我们的公寓是两层楼的套房(我和太太几乎不在一层空间活动),因此我们打算将楼下的空间出租。但我俩并不想把它用于长期出租,因为我们想在一年中特定时间保留使用这个空间的自由。并且增加一个室友所带来的经济收益远无法消解总有外人在你左右所带来的心理负担。

相对而言,短期租客更容易管理。通常,这些租客白天和傍晚都在外面旅游观光,他们来这里只是为了睡觉。因此,我们很快决定试一试爱彼迎。我们的公寓位置绝佳，空间极大，还有一套家庭影院，这些都极富吸引力。总之长话短说，我们的决定是对的！

我们的公寓从一开始就很受欢迎。然而，不久我和太太意识到我们应该随季节变化对价格进行调整。你可以想象，比起迷人的夏天，在气温可达零下 28 摄氏度的 1 月，房屋需求是多么少。为适应人流量变动，我们的公寓出租价格定在冬天每晚 60 美元到夏天每晚 170 美元不等。公寓出租的收入可以帮我们偿还抵押贷款，有时候还能余下一些零用。感谢爱彼迎使我们可以免费生活在芝加哥市中心一个 200 多平方米的崭新豪华公寓。

爱彼迎已极大地改变了我们的生活。我和太太现在时不时出去下馆子、度假、购物。由于不再担心开支大头——抵押贷款，我们得以过上无拘无束的生活。而且，现在我们正在这座城市寻找其他合适的公寓以扩大出租业务。遇见爱彼迎让我们激动不已，并对未来充满期待。

Get Paid for Your Pad

第 8 章

做好营销

没有策略的创意叫"艺术",有策略的创意叫"广告"。

——耶夫·L.里查兹,密歇根州立大学广告系主任、教授

客人预订房屋前，首先要能够找到你的房屋页面。这是最基本的，对吧？而要让你的房屋更容易被看到，关键是提高其在搜索结果中的排名。爱彼迎自动将所有符合要求的房屋都显示在搜索结果中，但你的房子在众多相似房屋中的精确排名才是你成功的关键。本章我们将讨论如何做好房屋营销，提高搜索排名。

爱彼迎房屋搜索

像其他搜索引擎一样，爱彼迎也使用了一种搜索算法来决定房屋排序。经营爱彼迎的过程中，如何将你的房屋排名提高到所在社区或城市的搜索结果中的第一页，将是你遇到的最大挑战之一。出现在搜索结果中的第一页意味着你将获得更多的咨询消息和预订量。

影响搜索排名的因素

我们无法确切地知道爱彼迎如何计算房屋在搜索结果中的排名。然而，爱彼迎公布了一些他们所参考的数据清单。以下是爱彼迎网站上的表述：

"经常有房东来信询问爱彼迎是如何进行房屋搜索排名的。搜索排名是一个复杂的过程，参考了许多相关因素，如果仅依靠一两个要素来排序将无法体现实际情况。我们也在不断改善搜索算法，从而使顾客与房东得到最佳匹配，因此我们所参考的因素以及参考这些因素的方式也在不断变化着。不过，仍有一条重要参考原则：爱彼迎希望可以回报那些为客人创造良好居住体验的房东。这意味着，作为房东，我们提到的以下因素是你可以掌控的。如何在网页上展示自己的空间，以及如何接待客人将影响你在搜索结果中的排名。但客户偏好也很重要，不同的客人搜索时，你的房屋排名位置也会不同。"

我查看了爱彼迎的官网，并阅读了许多爱彼迎相关的出版物，依据自己的大量经验，总结出如下一些影响搜索排名的因素。我将这些相关因素归为两类：已证实因素和推测因素。已证实因素是指爱彼迎公开认可的参考因素。推测因素是指未证实但公认会影响搜索排名的因素。

已证实因素

- **网页吸引力**——爱彼迎倾向于支持质量高且信息准确的房屋网页。如果潜在客人查看并预订了你的房屋，那么你的搜索排名也会受益。为使搜索排名达到最优，爱彼迎建议你的"房屋名称和描述尽量富有吸引力且包含较多信息"，并"解释你的房子的特别之处在哪里"。

- **价格**——你应尽量使你的房租定价与相邻房屋相比更具竞争力。因为价格越有竞争力，客人越有可能预订你的房子，这样，你的爱彼迎收入也会更多。

- **评价的质量 / 数量**——你的整体评分越高，房屋排名也会越靠前。没错，它们的联系相当直接。至于评语的质量，实际上是会被量化的。我不是很确定爱彼迎如何量化评语，但据爱彼迎透露，他们已研发出一套机制来量化客户评语。因此，我建议您无论是在评分还是评语上都尽可能多地争取正面反馈。

- **照片**——应确保照片质量高且准确反映房屋情况，并且每个房间应至少展示一张图片。为使照片更专业，建议使用爱彼迎免费摄影服务。

- **信任与认证**——爱彼迎会员可通过几种方式提高信任值，比如：（1）将你的爱彼迎账号与社交媒体账号相关联；（2）进行身份和电话认证。请确保利用了所有可用的选择。

- **回应性**——主要有两方面：回复率和回复时间。两者都会体现在你的网页上。通常它是这样显示的：

贾斯珀
阿姆斯特丹，荷兰，注册时间：2011 年 8 月

"2010 年，我放弃了自己的金融事业，追求毕生的梦想：周游世界。为了养活自己，我在爱彼迎上出租了我的公寓。这是一次很棒的经历，我还写了一本关于它的书！
……"

+ 显示更多
回复率：100%
回复时间：一小时内

208 条评论　　8 人推荐　　✅ 已验证

联系房东

快速回应咨询和预订请求不仅会影响搜索排名，还是衡量基本客户服务的重要标准。此外，如果你的网页显示你回复率高且及时，客人也更有可能向你咨询相关问题。许多潜在客人会制订近期出行计划，如果他们认为需要等几天才能收到你的回信，那很

可能会放弃向你咨询。

- **更新日历**——更新日历代表用户经验的提升，因此爱彼迎将日历更新率也考虑在内。请确保每天都更新一次日历。只要访问爱彼迎主页，点击"更新"即可。

- **预订接受率**——提前审核并通过预订请求可提高搜索排名。爱彼迎也将整体预订接受率作为一项排名参考因素。如果你要拒绝某一预订申请，只需点击"拒绝"即可。比起发送私信或不回复，这样操作对搜索排名的影响更小。

- **取消预订**——爱彼迎明确说明取消客人的房屋预订是一个减分项。对客人而言，已经预订好的房屋被取消入住是非常不好的体验。因此，如果你这样做，那么搜索排名也将直线下降。

- **"即时预订"**——客人可利用"即时预订"功能立即预订某个房屋，而不需要房东通过。爱彼迎已申明"启用'即时预订'功能可提高房屋搜索排名，因为客人无须等待房东回复，也不用担心申请被拒"。

- **所在社区**——如果客人按照城市而非特定街区搜索房屋，爱彼迎会使搜索结果集中在受欢迎的城市中心地带。如果你所在社区属于爱彼迎算法所青睐的地区，那么你的房屋搜索排名也不会太低。

- **社会关系**——如果客人与房东有共同的朋友，那么爱彼迎也更可能会向客人推荐与其有关联的房东。为利用社会关系，请确保将你的爱彼迎账号与脸书相关联。

推测因素

- **预订数量**——就像收到的评价越多，你的房屋排名也越高一样，预订总数越高，排名应该也会越高。如果这些预订最终都得到了好评，那么排名将会更高；但如果只是预订数量多，应该也会对你的排名提升有帮助。

- **愿望清单**——用户在寻找最佳居住地点时，可添加心仪的房屋至其"愿望清单"。在房屋主页"预订"选项下面，你可以看到自己的房子被客人添加到愿望清单的次数。尽管你无法直接影响这一数字，但我仍建议你请求之前的客人将你的房屋添加至他们的"愿望清单"。

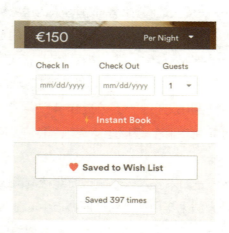

- **朋友推荐**——尽管你尚未接到任何订单，你的朋友也可以通过创建爱彼迎账户来为你和你的房子写推荐信。这些推荐信也将帮你提高搜索排名，而且也会吸引潜在客人的眼球。

在爱彼迎以外做房屋营销

如果你刚开始经营爱彼迎，我建议在其他的网站多做一些广告来增加房屋主页访问量。建议使用如下社交平台：

- 脸书
- 推特
- 个人邮件
- 个人网站或博客的侧边栏
- 谷歌关键字广告

要尽一切努力将房屋展示在大众眼前，但必须承认，这些仅仅是提高你在爱彼迎排名的方式，而如何经营自己的爱彼迎才是问题的关键。

保持在爱彼迎社区的活跃性

要多去了解你所在社区的其他爱彼迎房东。许多城市都有专门的爱彼迎脸书，还会组织一些爱彼迎房东线下聚会，讨论共同关心的问题，分享新的想法或经营策略。如果你的一位房东朋友接到某个入住咨询，但刚好他家已被预订，此时他很可能会将这位客人介绍给你。我就曾多次帮助之前的客人在相同的社区找到合适的房源。那时候，我的房子已被预订，接到客人的咨询消息时，我会立刻将其推荐给我所了解的、值得信任的房东。

埃米的故事

搬到布宜诺斯艾利斯几年后，我决定在市中心买一套房子。我想拥有一套属于自己的房子，这样就不用再担心与当地房东周旋要不要出假期租金，等等。但我其实有过这样的打算——等自己以后离开布宜诺斯艾利斯时，将这套房子租出去。

时光飞逝，又过了几年，我嫁人了。丈夫和我一样崇尚自由。我们很快决定婚礼过后开始环球旅行。我们希望布宜诺斯艾利斯的房子可作为自己坚实的后盾，于是打算在我们不在家的时候将房子租给那些前来度假的人。我们算了一下，如果可以获得稳定的房租收入，旅行花费和生活支出都将不是大问题。然而事实却与之相反，开始旅行的前两年，我们请当地度假租房代理帮忙寻找客源，但令人失望的是，大部分时间里我们的房屋都是闲置的。

他们收取了很高的服务费，出租效果却极不理想，大约一年半以前，我们决定终止与当地度假租房代理的合作。与此同时，我们开始使用爱彼迎。不得不说这个决定十分明智，从那以后，我们的租客几乎源源不断。我们采取长短租相结合的方式（从几天到几个月不等）

在爱彼迎上出租，这基本帮助我们实现了满足旅行日常开销的目标。我们很喜欢爱彼迎可以屏蔽一些日期的功能，这样，当我们想家的时候就能返回布宜诺斯艾利斯住一段时间。

对我们而言，爱彼迎真是一个非常好的工具，便于我们进行远程管理。我负责这项业务的线上工作；线下里里外外的事由一名当地房屋管家负责，包括办理入住／退房、客户支持、日常清洁和保养协调，等等。通过一张共享的谷歌表格，我们可以随时了解房屋服务成本。

我们遇到一个问题，爱彼迎房东保险计划尚未包含在阿根廷的出租业务。因此，每当有客人入住时，我们都会让客人额外签署一份简单的保护合同，以防发生不测。有了这份合同后我们放心了许多，到目前为止一切都很顺利。即使发生了什么事，我也不会很担心，因为爱彼迎界面上通过押金、身份认证、社交媒体关联等方式也提供了一层安全保障。总之，爱彼迎使得我和丈夫过上了真正美好的生活，我们鼓励每个人都去尝试一下。

Get Paid for Your Pad

第 9 章

经营爱彼迎的不同方式

任何值得去教的东西都可以通过不同的方式呈现出来。
这些不同的方法恰恰利用了我们无穷的智慧。

——霍华德·加德纳，发展心理学家

比起长期固定租赁，短租的优势之一是灵活度高。爱彼迎房东对自己的房子拥有控制权，可决定何时出租，何时由自己住。此外，房东也可以决定是将自己的房子整租，还是只出租一间闲置卧室，或者像宿舍一样出租一间卧室的床位。

我在主持播客的过程中，很荣幸遇到了来自世界各地不同类型的爱彼迎房东。可能你已知道我将自己阿姆斯特丹两室一厅的公寓全年都用于短租。但我采访过的许多房东都以不同方式经营着爱彼迎。你可以浏览本书每章后面的小故事去看看不同的房东如何经营爱彼迎。为方便读者，我也总结了几个朋友和同事的故事——尽管他们的房屋情况不同，但都很容易就成为了爱彼迎房东。

不定时出租加即兴旅游

本书的另一位作者胡泽发是一位非常受人尊敬的爱彼迎同行。同时，他也是一位杰出的律师、数学天才、视频课程设计师和创意家。虽然许多人都是通过这本书或者播客得知了他的名字，但你们可能不知道，在写本书第一版时，胡泽发才刚开始经营爱彼迎。坦白说，那时候我的伙伴在爱彼迎短租市场还属于菜鸟小白。尽管他做了大量调研来弥补经验的不足，但那时他一直未能将其在加利福尼亚州西好莱坞的两室一厅公寓房出租出去。然而，本书出版几个月后一切都发生了变化。胡泽发深受鼓舞，决定一头扎进爱彼迎短租市场这一深不见底的蓝色海洋。

最初，胡泽发只是在和朋友去圣诞、新年度假时才将他两室一厅的房子出租。因为他家距离贝弗利山非常近，他的那套房子能够以非常好的价格租出去，每晚租金大约 250 美元。胡泽发度假回来后还想继续做短租，但他们家没有闲置的房间了。于是，胡泽发和室友决定做短时间内的即兴出租，如何进行呢？且看胡泽发是怎样做的。

如果房子没有人租，那他们就住着。但如果接到一个价格不错的周末订单，胡泽发就和室友（他在法学院的好朋友）利用这一机会预订一趟去拉斯维加斯的周末短途游。在"罪恶之城"，常年都有惊人的游客量和住房需求，他们的生意也一直不断，于是胡泽发和室友每周五就会开车出门游玩，周日再回来，尽管这样，他们仍然有利可图。胡泽发每天只需支付 75 美元的租金，但他的房子每天可以赚到250 美元，边际收益很大，这样他就可以度过一个丰富多彩的周末。

法学院的好友搬走后，胡泽发根本不担心自己会找不到新室友。他将那间空闲的卧室长期用作爱彼迎出租，开始接待来自全球各地的客人。只出租一间卧室几乎就能帮他付完自己的租金。尽管这样，他最终还是选择让另一位朋友搬了进来，避免了因接待来往客人而产生的额外工作量。由于胡泽发在数学教育上不断的探索占据了其大部分精力，目前他已退出爱彼迎短租市场，但我相信胡泽发的爱彼迎短租事业还会有新的故事。

成为沙发客

如今所有人都这么做。如果你年轻、时尚、受过教育，并有点特立独行（可能大部分人都是这样），你一定不是正在创业，就是在准备创业的路上。如今成为微软或苹果公司的员工不再是一件让人惊叹的事。如果要跟上潮流，你就得做一番属于自己的事业，或者和那些与你同样有远见的人共同做一番事业。安娜玛丽就是我的亲戚中非常有创业精神的一位。她就职于我的家乡阿姆斯特丹一家小型创业公司，自己在市区租了一间非常惬意的小屋。

尽管创业可能是一件相当有吸引力又时髦的事，但通常都不是很挣钱，至少在刚开始是这样的。安娜玛丽所在的创业公司没有任何收入，于是她不得不靠积蓄生活。为了能多挣些钱，安娜玛丽决定利用自己的公寓。唯一的问题是她的房子只有一间卧室，她别无去处。有办法吗？最终安娜玛丽想到了一个非常不错的点子。

安娜玛丽将自己的单人卧室单独出租。如果接到订单，她就搬几张毛毯、两个枕头和她最爱的睡衣到客厅的沙发上过夜。安娜玛丽家里有一张非常可爱的沙发床，一有客人来她就睡沙发上。她认为自己这么做非常值，因为：（1）可以很好地弥补其生活开支；（2）暂时脱离日常习惯，很有趣；（3）它是结交外国朋友的好机会。

利用节假日和重大事件

对不熟悉得克萨斯州的人而言，那个神奇的地方以它对共和党的支持、牛仔和得克萨斯本身而出名。那里是保守主义的坚固堡垒，喜欢共享经济的年轻人并不多。当然，除了奥斯汀——得克萨斯唯一自由包容的地方。奥斯汀市内坐落着一座熙熙攘攘的大学城，还有从世界各地慕名而来的人们。奥斯汀备受学者们的青睐，它还是非常受欢迎的西南偏南艺术节（SXSW）的发源地。

梅拉妮是奥斯汀的一位常住居民，每年西南偏南艺术节时她就将自己的房子租出去，从而获得可观的租金收入。与此同时，梅拉妮将利用这一周的时间出去度长假。去年，梅拉妮利用租金收入在哥斯达黎加一处著名景点预订了一个高级住所，在那里白色的沙滩上享受日光浴，品尝略带咸味的玛格丽特鸡尾酒和新鲜的椰子汁。

公寓换豪宅

关于"房东将自己的房子租出去后住在哪里"有许多不同的选择。有些人选择去新的旅游景点度假，有些人选择打包好东西睡在自己客厅的沙发上。但维多利亚有点不同，她选择了豪宅。维多利亚在英国牛津拥有一套自己的公寓，定期将其出租。唯一的问题是当她将自己的房子租给爱彼迎客人后，她就没有别的地方可以住了。她没有花钱去别的地方住，也没有住在自己家中空闲的屋子里，相反，维多利亚利用一些寻找房屋看管员的网站，如 housesitters.com 和 trustedhousesitters.com 等，在她家附近找一份临时的房屋看管工作。

维多利亚并不将自己的房屋连续出租，而是等找到一份合适的房屋（最好是带健身房和泳池的豪宅）看管工作后再租。这是个双赢选择。维多利亚既能住在豪宅里，还能从爱彼迎赚得租金。我在播客上采访维多利亚时，她就正在一所大豪宅里住着，同时还赚着爱彼迎短租带来的稳定收入。必须承认这样的选择真不错。

卡拉的故事

2013 年，我休假时和一群经常使用爱彼迎的朋友做了一次环球旅行。那时，住在陌生人家里尚被认为不安全。然而，亲自尝试之后，我发现利用爱彼迎租房既安全又舒心。也是这些朋友让我知道世界各地有许多爱彼迎房东都将短租作为自己的事业。

从小到大我几乎一直待在佛罗里达州的迈阿密。我父亲在南佛罗里达拥有一处房产，多年来一直将其用作长期固定租赁。于是，我开始考虑利用这处房产做短租。如今，我已理解利用房产为房地产市场增值的价值所在，但许多和我父亲类似的房东，选择长期租赁只是为了偿还这些房产的按揭贷款。他们对短期租赁的典型态度是认为其带来的收入不稳定，难以预测。此外，大多数房东担心大量陌生人入住容易产生较多问题。

2014 年，一位朋友找到我说希望在迈阿密海滩附近投资一块房产用于爱彼迎短租。我当时仍有些犹豫。首先，我担心客人粗心大意，容易产生麻烦。我还担心不断有陌生人进出会影响周围邻居，甚至害怕南佛罗里达改变其法定旅游区。全世界的规章制度越来越多，这也使得利用爱彼迎赚钱越来越难。最后，我想，即使我们每个月利用爱彼迎能赚一些钱，经营这套房产的烦琐事务也可能会导致入不敷出。

尽管如此，我还是决定抛开一切担忧，听从了朋友的建议。我想，即使短租最终没能成功，我还是可以再找一名长期租客。幸运的是，我再也不需要把这处房产放在长期租赁市场了。爱彼迎平台为我们带来了丰厚收入，每月扣除清理维护费用外还有大约 4000 美元的收入，这远比用作长期租赁划算。额外的现金流使我们又投资了一处新房产，这比我们预期的还要快。

此外，我们发现之前的多数担忧都是不成立的。我们接待过的客人一般都非常尊重我们的房屋。与此同时，我发现作为房东，应该向客人表达你对他们的期望，这非常重要。如果想要客人尊重自己的财产，我们也需要这样和客人沟通。如今，我们会在客人入住前向他们发送一份非常详细的"欢迎手册"，从而让客人了解"住房守则"。为确保客人真正阅读过"住房守则"，我们将房门密码和 Wi-Fi 信息藏在了守则中。在我们发送给客人"欢迎手册"后，如果他们还来问这些信息，我们会告诉客人这些信息可以在"住房守则"中找到。而且，我们还会再次告诉客人入住前必须阅读"住房守则"。这通常都很管用。

关于经营这项事业花费的时间，我可以很开心地说它现在完全是自动化的。我们想出了一个周密的准入系统，无须亲自将钥匙交给每一位新客人。我们使用了一款由动态密码来操控的房门锁。而且，每一位客人都会有一个单独的用户密码以确保其隐私安全。我们还雇用了一位保洁员和一位杂工，他们能够帮助客人办理入住，并随时处理客人入住期间的问题。

　　我们收到过邻居对噪声的投诉，但自从我们禁止大声喧哗，并收取高额噪声投诉费后，这样的问题已经不存在了。我们也担心法律规章会发生变化，但如果这种事真的发生了，我们也只能转为长期租赁。

　　总之，爱彼迎短租是一次不错的体验。要说靠它挣了多少钱，那简直让人不敢相信。只要这个生意一直在做，就一直会有客人过来。我已经等不及再去投资下一处短租房产了！

Get Paid for Your Pad

第 10 章

爱彼迎房东
在美国是怎样纳税的

唯一一件比起缴纳收入所得税更让人受伤的事是不需要缴纳收入所得税。

——托马斯·迪尤尔，苏格兰酿酒人

过去两年，我收到过无数次关于经营爱彼迎如何纳税的问题。在与一些专家交流，并做过相关调查研究后，现在我可以给大家介绍一些关于纳税的信息了。但在我深入展开这个话题前，请允许我先重复一条免责声明，这既是为了您，也是为了我的咨询顾问。

免责声明： 本书所含信息只作提供信息之用，不应理解为财务或税收建议。本书目的不在于取代某个财务咨询公司提供会计或其他财务建议，也不在于帮助避开美国联邦、州或地方税收、惩罚。

经营爱彼迎需要花费时间，即使你像我一样将大部分人力外包。当你必须随时回应客人的需求，回答潜在客人的问题，管理爱彼迎主页时，有时候你可能会感觉压力很大。如果你仍在努力使自己的业务在爱彼迎市场存活下来，你还需考虑最后一件事：监管财务和报税。

在美国市场上合理规划财务，合理纳税，可以帮你节省一大笔钱。想了解美国税收系统是如何控制收入和支出的吗？请继续往下读。

为你的爱彼迎业务纳税

每个自然年年末，爱彼迎美国房东会收到一张爱彼迎发来的1099-K表格。爱彼迎并不代你缴税，你有义务在每年4月15日前向国税局纳税。我建议爱彼迎房东将每月收入拨出来一部分，以防止年底纳税时不知所措。此外，爱彼迎也将向国税局发送一份1099表格，这样政府便可以知道你从爱彼迎获得了多少收入。因此，请确保你的

1099 报表与实际匹配。美国国税局会自动检查你的报税与他们获得的信息是否一致。如果不一致，你可能会非常不幸地迎来一次旷日持久的财务审计。

租赁 VS 商业活动：附表 C 还是附表 E？

选择"C"还是"E"，这是一个问题。如果莎士比亚是一位充满哲思的税务律师，他的问题或许是这样的。你得依据自己经营爱彼迎的方式从两张表中择其一来上报收入，具体而言，要看你爱彼迎业务的活跃程度以及你所提供的服务。

附表 E 代表被动收入。特波税务公司（Turbo Tax）网站显示，"如果你是出租房的所有者，你将自己居住空间的一部分出租以获得租金"，你应考虑附表 E。如果你仅仅是出租房屋，不提供其他任何附加服务，如保洁、餐饮等，那么你满足填写附表 E 的要求。

然而，如果你确实提供额外服务（就像酒店一样提供全套膳宿服务），那么你需在附表 C 上汇报收入。正如特波税务公司所说，"如果你向租客提供一系列服务，将管理租赁财产作为主要业务，那么你的租赁业务可构成自营职业，这时你应填写附表 C"。

这两张表格的主要区别在于，表格 C 是按照自营职业纳税，纳税多寡由你的收入决定，但税率可能在 15.3% 左右。你可以利用本章后面提供的国税局相关链接查看确切税率。填写附表 C 意味着无论你收入多少，可以最多抵扣 25000 美元的租赁成本。而且，如果你确实在持续活跃地管理房产，那你可能真的可以抵扣 25000 美元经营成本。如果你填写附表 E，意味着你很可能受到被动活动支出限制条款制约，也就是你的租赁抵扣金额不能超过租金收入。换句话说，美国国税局假定你在提交表 E 时不会损失惨重。

爱彼迎房东可抵扣费用

要确定哪些费用可以从收入中扣除，你得首先判断自己的房产是被归类为个人住所还是租赁单元。

如果符合以下条件，你的房产就是个人住所：

• 每年房屋用于租赁时间少于 15 天（此时，你无须汇报收入）

• 每年房屋用于租赁时间多于 15 天，用于居住时间多于 14 天或多于租赁天数的 10%

美国国税局绕来绕去究竟在说什么呢？接下来我来简化一下它：对于大多数美国爱彼迎房东而言，你的房屋很可能被划归为个人住所。这意味着你只能抵扣以下与租赁活动相关的费用。这些费用包括：

• 爱彼迎所收取 3% 的佣金

• 为客人购买的食品及饮料费用

• 与爱彼迎业务相关的网络费与移动电话通信费

• 汽车相关费用，包括油气费、保养费，以及与爱彼迎业务相关的里程数

• 与爱彼迎业务相关的业主协会费用

• 与爱彼迎业务相关的保洁费和垃圾搬运费

• 与爱彼迎业务相关的房屋保养和维修费

关于所有这些费用，请依照租赁天数占全年的比例来计算。那些完全是因为经营爱彼迎而产生的费用（比如保洁、日用品、床上用品

等）可全部用作抵扣费用。最后，请记住爱彼迎所收取 3% 的佣金在 1099-K 表格中可能没有体现，因此房东需先将这笔费用扣除。

如果你还雇用了一位房屋管家，且全年为其支付的报酬超过 600 美元，你需再填一张 1099 杂费表。关于这张表，可利用 efilemyforms. com 网站以很低的费用快速做出来。你还得让房屋管家再签一份 W9 表格。

除以上费用清单外，房东还要注意抵扣以下与爱彼迎业务相关的项目：

- 按揭利息
- 房产税
- 个人按揭保险
- 房产折旧

请确保所有与抵扣费用相关的材料一应俱全。比如，如果你扣除了话费，那么你应有一份详细的话费清单，以便接受审计。

使用独立银行账户经营爱彼迎

将个人花费与业务费用混为一谈可能会给你带来灾难。请开设独立账户来处理与爱彼迎业务相关的收入和费用。如果你需要爱彼迎的钱来用于个人消费，请记住自己写一张单据。这将帮你在报税和计算抵扣费用时节省许多时间。

附表 C

http://www.irs.gov/pub/irs-pdf/f1040sc.pdf

附表 E

http://www.irs.gov/pub/irs-pdf/f1040se.pdf

国税局 1099 出版物

http://www.irs.gov/pub/irs-pdf/i1099msc.pdf

国税局 583 出版物（记账）

http://www.irs.gov/publications/p583/index.html

被动活动支出限制条款

http://www.irs.gov/Businesses/Small-Businesses-&-Self-Employed/Passive-Activity-Loss-ATG-Chapter-2-Rental-Losses

桑迪的故事

我是个科技游牧民，可能有人对这个词不熟悉，它是指一种"不受地理位置限制，因而可在全球任何地方旅行和工作的职业人士"。过去两年我一直在欧洲旅行，走遍了西班牙、法国和英国的一个又一个城市。我最初生活在巴黎，但最后搬到了活力四射的西班牙马德里。我的职业是搜索引擎优化咨询师，也就是说，我在帮助不同企业将其网络流量做到最大化。然而，有一天早上醒来，我突然有一种强烈的厌倦和不满。我不想再做搜索引擎优化工作了，我想自己创业去帮助人们学习新的语言。

2010 年时，我在马德里市中心买了一套公寓。因为即将切断与原工作地点的联系，走向全世界去做新尝试，我决定将我的房子放在爱彼迎上出租。最初还有些担忧，但我很快发现挑选客人很简单。在开始房屋短租的第一年，我只在西班牙境内旅游，这样如果有紧急情况，我也能及时回来。但一切都很顺利。收到第一批好评后，我适当调高了价格，从而开始赚到更多的钱。

我不再担心自己的爱彼迎短租经营，同时雇了一位值得信任的人帮忙看管。我的房屋管家不仅帮我管理房产，还处理与客人相关的所有问题。我开始到西班牙以外的地方旅行。我在旅行时也使用爱彼迎，我发现比起待在家里，我在旅行过程中花的钱总是更少一些。

我现在每个月的收入全部来自自己的公寓，朋友和亲戚们都在问我是如何做到的。我母亲不是很懂互联网，她让我帮忙出租其在巴黎的几套公寓，还答应让我从租金收入中拿一部分算作佣金。我欣然接受了她的提议。现在，我可以很骄傲地说，我母亲目前每月可以赚到大约 7000 欧元，这也让我获得了可观的佣金。

帮母亲赚钱的经历给了我一个灵感：我可以帮助全球各地缺乏互联网知识的人在爱彼迎上出租他们的房子。这样，一个小型创业项目诞生了。通过帮助客户将其房屋挂在爱彼迎上短租，我能收取约 15%的租金作为佣金。目前，我正在帮助加勒比海地区的几位房东做短租，希望可以帮助到世界各地更多的爱彼迎房东。

最后，我很开心已开始了我的全职创业项目，即建立一家将语言学习和旅行相结合的机构，名称叫 My Language Break。我们致力于为想在旅行中学习某种外语的客户开发长期浸泡式学习环境。通过多年的经验，我发现学习一门语言最好的办法是将自己完全浸泡在当地的文化环境中。如果你想学习西班牙语，那就去西班牙。如果你想学习荷兰语，那就去荷兰。我和我的合伙人帮助有学习欲望的学生在一国不同的地方长期居住，让他们一边在旅行中体验新鲜事物，一边掌握语言技能。我能够建立自己的事业，实现梦想，在很大程度上应归功于爱彼迎。如果没有爱彼迎，我可能永远不会取得这让人难以置信的跨越式发展。

Get Paid for Your Pad

第 11 章

投资房地产
用于爱彼迎租赁

投资房产（即便是非常小规模的）
仍是为个人建立现金流和财富的可靠方式。
——罗伯特·清崎，商人、投资人、作家

爱彼迎旨在为短租行业创造一种共享经济模式，这意味着让财产所有者和租客都能利用其现有资产为大家创造一种双赢局面。

这一大规模社会实验的结果是，大众都喜欢并庆祝着这个共享平台不可否认的成功和可行性。伴随爱彼迎短租平台的兴起，富有创业精神的人们嗅到了新的商机，那就是专门针对爱彼迎短租投资房地产。这也很容易理解，因为比起传统的长期租赁模式，从爱彼迎平台获得的投资回报要高很多。关于这一点我有直接经验，因为自从我将自己在阿姆斯特丹的公寓从长期租赁改为短租后，我的收入几乎增加了两倍。

对于想买进房产用于爱彼迎短租的人而言，关键问题有两个：（1）在哪儿买？（2）你该买什么样的屋子？要获得最大的投资回报，选择游客量最大的城市并了解房产情况非常重要。这些问题都很难回答，因为有很多影响因素。然而，仍有一些大概的方向和工具可以帮你做出正确选择。

投资爱彼迎的最佳城市

投资爱彼迎的最佳之选是那些最吸引游客的地方，即理想的地点应当是在旅游目的地。选择这些地点的唯一问题是通常都需要花很多钱才能在那里买到你想要的房产。如果你打算花较少的钱在爱彼迎新兴市场买一处不错的房产，AirDNA 或 Everbooked 可帮你在合适的城市收获较高的投资回报，但最终还是要你来挖掘和对比各家房产价格，计算潜在投资回报值。选择旅游景区还有一个好处是，任何时候你都不用担心自己的房子会没有客人住。即使房产购买价格有浮动，你也不用担心亏本。哪怕最糟糕的情况发生，只要你多花一些时间，就可以达到盈亏平衡。

大型旅游城市

排名	城市	国家	地区	国际游客（百万）（2012 年）
1	香港	中国	亚洲	27.7
2	伦敦	英国	欧洲	17.4
3	新加坡	新加坡	亚洲	17.1
4	曼谷	泰国	亚洲	16.2
5	巴黎	法国	欧洲	15.0
6	澳门	中国	亚洲	15.0
7	深圳	中国	亚洲	13.1
8	纽约	美国	北美洲	12.2
9	伊斯坦布尔	土耳其	欧洲	11.9
10	吉隆坡	马来西亚	亚洲	11.6

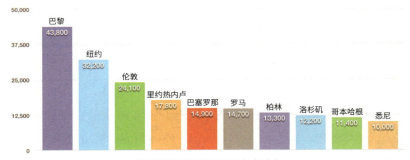

爱彼迎房屋数量最多的十大城市

　　只要在互联网上大致搜索一下，就能看到全球最吸引游客的城市有哪些。2012 年数据显示，香港是世界上每年游客量最多的城市。现在，我们比较一下世界十大旅游城市与爱彼迎十大城市，你会发现有很大差异。

　　两份清单上都有这三座城市：伦敦、巴黎和纽约。如果你手头有几百万美元的话，这是个好消息。尽管这些城市可能是爱彼迎的金矿，但对大多数想要尝试爱彼迎的房东而言投资成本过高。因此，在确定投资城市之选前，可能你需要继续往下浏览那份最受欢迎旅游城市清单。

靠近重点旅游景区或旅游项目的城市

　　选择投资地点的另一个方法是瞄准那些重要的旅游目的地。比如，科罗拉多州阿斯彭市在每年的滑雪季一定有很多游客；加利福尼亚州的安纳海姆每年都会接待大量前来迪士尼乐园游玩的人；又比如，胡泽发小时候常去的杉点乐园，位于俄亥俄州的桑达斯基市，据说那里是全世界最好玩的过山车主题公园。基于被该乐园所吸引的庞大游客量，在俄亥俄州乡下买一处房产可能会很赚钱。但这只是猜测，在做出决定前你需要进行详细的调研。我个人目前正考虑在拉斯维加斯投资下一套爱彼迎房产，因为这座"罪恶之城"每年都会吸引大量游客。此外，拉斯维加斯的房子相对比较便宜，这看起来至少会是一次划算的投资。

　　下面，我参考 2014 年的数据，列出了全球 50 个最受欢迎的旅游景点以供你参考。这些数据来自一个叫 Love Home Swap 的网站，这家网站煞费苦心地搜集制作出了相关信息。

	旅游景点	城市	国家	年游客量
1	拉斯维加斯大道	拉斯维加斯，内华达州	美国	39,668,221
2	时代广场	纽约，纽约州	美国	39,200,000
3	中央公园	纽约，纽约州	美国	37,500,000
4	联合车站	华盛顿特区	美国	32,850,000
5	尼亚加拉大瀑布	尼亚加拉瀑布城	加拿大	22,500,000
6	中央火车站	纽约，纽约州	美国	21,600,000
7	法尼尔厅广场	波士顿，马萨诸塞州	美国	18,000,000
8	迪士尼魔法王国	奥兰多，佛罗里达州	美国	17,536,000
9	迪士尼乐园	安纳海姆，加利福尼亚州	美国	15,963,000
10	故宫	北京	中国	15,300,000
11	大巴扎集市	伊斯坦布尔	土耳其	15,000,000
12	东京迪士尼	浦安	日本	14,847,000
13	巴黎圣母院	巴黎	法国	13,650,000
14	金门公园	旧金山，加利福尼亚州	美国	13,000,000
15	东京迪士尼海洋世界	浦安	日本	12,656,000
16	迪士尼乐园	马恩拉瓦莱市	法国	11,200,000
17	未来世界	奥兰多，佛罗里达州	美国	11,063,000
18	圣心大教堂	巴黎	法国	10,500,000
19	尖沙咀	香港	中国	10,088,493
20	派克市场	西雅图，华盛顿州	美国	10,000,000
21	中央广场	墨西哥市	墨西哥	10,000,000
22	迪士尼动物王国	奥兰多，佛罗里达州	美国	9,998,000
23	迪士尼好莱坞影城	洛杉矶，加利福尼亚州	美国	9,912,000
24	大阪环球影城	大阪	日本	9,700,000
25	大烟雾山国家公园	鸽子谷，田纳西州	美国	9,685,829

	旅游景点	城市	国家	年游客量
26	海军码头	芝加哥，伊利诺伊州	美国	9,200,000
27	卢浮宫	巴黎	法国	9,200,000
28	长城	北京	中国	9,000,000
29	南街海港	纽约，纽约州	美国	9,000,000
30	39 号码头	旧金山，加利福尼亚州	美国	8,500,000
31	悉尼歌剧院	悉尼	澳大利亚	8,200,000
32	国家自然历史博物馆	华盛顿特区	美国	8,000,000
33	冒险岛	奥兰多，佛罗里达州	美国	7,981,000
34	迪士尼加州冒险乐园	安纳海姆，加利福尼亚州	美国	7,775,000
35	海洋公园	香港	中国	7,436,000
36	香港太平山	香港	中国	7,000,000
37	国家航空航天博物馆	华盛顿特区	美国	7,000,000
38	埃菲尔铁塔	巴黎	法国	7,000,000
39	爱宝乐园	龙仁	韩国	6,853,000
40	大英博物馆	伦敦	英国	6,701,036
41	迪士尼乐园	香港	中国	6,700,000
42	乐天世界	首尔	韩国	6,383,000
43	米德湖	拉斯维加斯，内华达州	美国	6,285,439
44	环球电影城	奥兰多，佛罗里达州	美国	6,195,000
45	林肯纪念堂	华盛顿特区	美国	6,191,361
46	大都会艺术博物馆	纽约，纽约州	美国	6,115,881
47	波旁街	新奥尔良，路易斯安那州	美国	6,017,500
48	环球影城	洛杉矶，加利福尼亚州	美国	5,912,000
49	凡尔赛宫	凡尔赛	法国	5,900,000
50	长岛温泉公园	桑名	日本	5,850,000

另一个重要的参考数据是看该城市是否在特定时间会举办大型会议或重大年度活动。正如我在本书第 9 章中所提到的，得克萨斯州奥斯汀的梅拉妮会在每年的西南偏南艺术节期间做爱彼迎短租。这个活动只有 10 天时间，但会吸引来无数游客，因此房屋需求也被推到很高。于是，像梅拉妮一样的房东每年那个时候都收入不菲。其他一些吸引游客的音乐会或活动，包括柯契拉音乐节、雏菊电音嘉年华、国际消费电子展和拉帕鲁扎音乐节等。

城市内部理想位置

如果你已确定了在哪座城市投资，那么下一步要仔细考虑在该城市的哪个方位买房。通常你要考虑的有三个核心区域：（1）市中心；（2）周边郊区；（3）人气旅游景点附近。

- **市中心**——大多数游客都想待在市中心。因为，通常市中心距离大多数饭店、酒吧、旅游景点和商场都最近。我在阿姆斯特丹的家便位于城市的中心区域，这为我经营爱彼迎带来很大优势。在市中心买房的唯一问题就是房价会比较高。如果你手头资金充足，我强烈建议买在市中心。
- **周边郊区**——如果公共交通方便，在郊区买房也未尝不可。建议您在地铁站周围步行五分钟的范围内买房，以便游客可通过公共交通直达市中心。全球主要大城市都有一点方便之处，特别是在美国，优步（Uber）随处可见。即使没有火车或地铁，优步也非常便宜方便。因此，选择地铁附近的房子可以让客人多一种出行方式，也能为你的房子增加一些吸引力。

- **人气旅游景点附近**——如果在市中心和周边郊区都找不到你满意的房子，那么我建议你选在人气较旺的某个旅游景点附近。例如，我去巴黎旅游时经常被那些写着"距埃菲尔铁塔几步远"的房子所吸引。如果你能依靠距某一景点很近的优势来做房屋营销，那么你一定会吸引那些对这个景点感兴趣的游客。

评估当地房屋的爱彼迎友好性

不同城市针对爱彼迎有不同的规章制度。买入房产前，你需要了解：（1）当地针对短期租赁的规定；（2）经营爱彼迎的税收法律；（3）该大楼对房屋短期租赁的许可度。如果你买下房子后发现当地法规禁止从事房屋短租，那么这将会造成金钱和时间的极大浪费。

许多旅游城市的朋友都感受到了当地法规对短租市场的压力。巴黎人最近也被限制短期租赁，有些爱彼迎房东因买下第二套房子用于租赁而被罚款高达 25000 欧元。柏林已正式禁止了未获得柏林参议院公开许可的短期租赁，并且法院准许房东将违反制度未经许可租赁的房客驱逐出门。而在加利福尼亚州的圣塔莫尼卡，尽管并未完全禁止短期租赁，但该地政府对爱彼迎房东施加了很大压力，要求：（1）租客住宿期间房东必须也住在家里；（2）房东需办理营业执照；（3）缴纳 14% 的占用税。这些足以表明，投资法规严格的市场对任何爱彼迎房东而言都可能会是灾难。

选定一座非常欢迎爱彼迎的城市后，我建议你买一整套公寓房或一套复式住宅。这样你就无须再处理公寓业主协会的规章守则了。我在阿姆斯特丹的房子就非常独立，无须担心会受到公寓业主协会的干扰。

选择具有特别之处的房屋

开始搜索信息以便从看好的几处房屋中选择其一时，你可以尽量判断每一处潜在选择最吸引人的特点在哪里。是位置、风景、面积大小，还是设施？因为在爱彼迎上进行宣传时，你的房屋必须有一个清晰的卖点，而非将各种优点写在一起。比如，如果你的公寓周围风景夺目，还有一个惬意的阳台，那它会比翻新后设施齐全的房子更吸引人。为什么呢？因为客人在旅行中通常更喜欢浪漫的风格而非实用主义。毕竟，人们在度假，住得洋气些会让整个旅行多一些美好的记忆。

依据房屋特点和位置确定吸引人群

确定好主要卖点后，接下来你可以分析自己的房屋可能对什么样的人群具有吸引力。是家庭、情侣、年轻白领、老年夫妇，还是活力四射的单身贵族？这样做是为了确定对某一类人独具吸引力的房屋位置和类型。当然你收到的订单可能来自各种类型的人们，但这样分析可使你所选择的房屋对某一类人独具强烈吸引力。我的朋友卡拉在迈阿密海滩附近拥有一处适合年轻人聚会的完美住房，着实吸引了大量的年轻人过来。同时，她也会接到一些家庭订单或商务人士的订单。但适合年轻人聚会这一特点是保持其房屋需求居高不下的主要原因。

利用市场分析工具估计投资回报率

尽管你可以通过自己的努力去估计投资回报率，但我仍建议使用一些工具。为什么？因为这些工具都比较准确而且收费不高。AirDNA、Everbooked、Mashvisor 就是可以快速帮你分析投资回报，开启爱彼迎短租事业的实用工具。

- **AirDNA**——AirDNA 可提供全球 2500 个城市中的爱彼迎房屋经营数据，从而帮助投资者找到最具潜力的投资区域。通过这一工具，你可以看到美国及世界其他国家和地区主要城市的游客季节性变化和入住率，也可以比较不同城市的爱彼迎房屋租金高低。你还可以在 AirDNA 网站上免费获取许多信息，比如爱彼迎高活跃度房屋的数量、不同类型爱彼迎租房（整租、单间出租、合租一间等）的价格中位数、附加费用中位数等。你也可以花 79.99 美元买一份针对特定城市的详细报告，或花 29.99 美元买一份关于某个邮编所代表地区的数据报告。

- **Everbooked**——Everbooked 的市场报告工具主要针对美国市场，分析如下内容等：（1）哪些家庭设施在一座城市中最受欢迎？（2）考虑价格水平和订单量，哪些位置最具优势？（3）季节性变化情况。你只需每月交 20 美元成为普通会员，或每月 100 美元成为专业会员就可以获得这些市场报告。普通会员只能按照城市名称下载报告，专业会员可以下载细化至邮编的报告。此外，专业会员可以看到关于价格、收入和入住率更加详细的数据。我建议你先成为基础会员，如果有需求，随时都可以升级为专业会员。

• **Mashvisor**——投资者可利用 Mashvisor 提供的房产投资数据找到投资爱彼迎的最佳房屋之选。其数据深度让人惊叹，包括租赁比较分析、社区分析、爱彼迎与传统租赁模式比较分析、爱彼迎租赁价格和趋势历史分析等。你可以每月花 29.99 美元成为 Mashvisor 专业会员，也可以花 9.99 美元购买其一天的使用权。

自己计算投资回报率

重申一次，我强烈建议你从前面提到的分析工具中择其一使用。它们便宜、功能多样且非常准确。然而，如果你实在想要自己独立完成这件事，我也有一些建议或许可以帮到你。首先，要考虑两个基本要素：（1）房屋的运营成本（如每月需偿还的按揭贷款、水电费、保险、纳税等）；（2）收入。

你通过自己在某个地区的爱彼迎房屋可获得的收入取决于以下因素：

1. 爱彼迎房屋的需求量；

2. 爱彼迎房屋的供给量；

3. 作为房东你有多称职。

最后一个因素是你可以控制的。如何控制？阅读本书，认真听取我的建议。我尚未遇到听从我的全部建议而未获得好评的房东。然而，前两个因素如果不借助外部工具很难准确估计。不过，如果你孤注一掷地决定自己来做数据分析，你可以这么做：

- **估计供给**——在爱彼迎上搜索你所选择的城市，查看有多少房屋。不要选择任何日期，以确保显示出所有房屋。记录在以下类别中各有多少房屋：（1）整租房／公寓；（2）单间出租；（3）共享一间房。制作一张表格以便分别填写各自对应的价格，这样你便可以得到一张准确的房屋供给分析表了。

- **估计需求**——查看你搜索结果中所出现房屋的日历。我建议关注那些与你想买的房子类似的房屋。尽你所能计算并记录这些房屋在 1 至 3 个月中的入住率，请记住大部分订单都是在预订日期当月接到的。

通过这些数据，你可以粗略估计出自己未来可能的获利情况，从而决定此处的房产是否值得投资。

翻新和布置家具

接下来要考虑的是你所看好的房子是否需要重新装修或购买新家具。许多客人都喜欢比较新的家电、地板、接待台以及家具。因此，如果你打算买老房子，这是一项你需要考虑的成本。此外，在打算购买新家具布置房间时，请将你的目标客户放在心中。如果你期望这里成为年轻人喜欢的地方，那么你可以选择时髦的家具、明亮的色彩。如果你计划接待一些年轻的家庭，那么设计风格应适当打造出家的感觉。这些计划都应基于你前面的分析。如果你将买大量的家具和装饰物，强烈推荐去宜家购买，那里的东西物美价廉，风格多样，你在选择时有很大的灵活性，而且不用担心成本太高。

阿什利的故事

几年前，我和丈夫决定换一种生活方式，开始环球旅行。当时，唯一让我们犹豫的是马萨诸塞州的那所房子。那里无论是地理位置，还是屋内布置都堪称完美，而且房租也不贵。尽管我们很想开始环球旅行的新生活，却不想放弃这个房子，但如果 80% 的时间都在外面旅行，我们却要支付全年的房租也不划算。于是，我们到处寻找解决办法。终于，我们遇到了爱彼迎，这个短租市场看起来非常适合我们，我和丈夫决定一试。唯一的问题是得到房东的许可。许多房东为避免产生不必要的责任问题都不同意房屋短租。我们知道可以瞒着房东做短租，但我们都不愿意这样做。我们不想冒被赶走或罚款的风险，于是我和丈夫选择去说服房东同意短租。我们将自己的计划和爱彼迎的工作机制都详细地告诉房东，并向他保证我们会仔细筛选入住的客人。经过这次长久的沟通，房东同意我们将其房产放在爱彼迎上短租。

因为我们总是在旅行的路上，所以我们决定将房屋租赁时间设置较长些（1~3 个月），这样便省去了频繁的清洁和办理入住工作。幸运的是，爱彼迎允许我们自己设定可租赁日期，这意味着，我们只需看那些与设定日期相匹配的客人的咨询消息。尽管我们不接受租赁时间低于一个月的订单，但收入依然达到我们房租的三到四倍。在我们那个城镇，许多学生都在寻找这样设施齐全的短租房，以便参加周边某个大学的暑期或学期课程。我们非常乐意让他们住进来。

为确保租赁一切顺利，我们在当地找到一位可靠的朋友，以便发生紧急情况后可以帮助客人。因为只接受租期较长的订单，我们通常好几个月都不会打扰这位朋友。你会发现为时 1~3 个月的租赁比起几天的租赁来解放了许多劳动力，对我们这样四处漂泊的人来说再合适不过了。

因为爱彼迎，我们得以留住自己喜爱的房子，每年都会抽出几周时间返回马萨诸塞州的房子住一住。不仅如此，这所房子还让我们获得了不菲的收入。我们的生活真的很美好，感谢爱彼迎和我们的房东！

Get Paid for Your Pad

第 12 章

经营爱彼迎的安全性

人民安全应是最高法。

——马库斯·图留斯·西塞罗，古罗马哲学家、政治家、立宪主义者

做爱彼迎房东安全吗？ 2015 年夏天，1700 多万人通过爱彼迎成功预订住房。人们都在慢慢认识到爱彼迎平台的便利和可靠，同时该平台上的租客人数也在快速增加。这么多人住在陌生人的房子里，你一定觉得会发生一些恐怖故事。确实，我们遇到过。最近一个故事发生在加拿大卡尔加里，当地一家人的房子被一群粗鲁的客人糟蹋得面目全非。造成的损失总计达到 15 万美元！更糟糕的是，这些房客用来预订爱彼迎的是一张假信用卡。

根据加拿大广播公司（CBC）一篇文章的报道，这些客人"在房间里留下了生物性危害物，家具上沾满蛋黄酱污渍，地板上都是酒，马桶里堵满了避孕套"，让人目瞪口呆。爱彼迎承担了房间修复和翻新的成本，并为房东提供了一间临时住所，以供他们在房屋翻修

期间住宿。但这件事不仅给房东造成严重经济损失，而且当他们看到自己的房屋面目全非时也受到了很大的精神创伤。

这起事故让人反思：爱彼迎安全吗？当然，生活中没有什么是绝对安全的。走路、驾车、吃饭，甚至呼吸都有一定程度的潜在风险，但这些固有的风险无法阻止我们正常生活。我们会评估一些活动的风险，努力将风险降到最低，并小心行事。如果无法降低风险，或可能产生的成本大于收益，我们会停止相关行为。那么，经营爱彼迎的风险有多大呢？我个人认为考虑到其所带来的收益，这些风险都是可以接受的。发生 15 万美元损失这样的事故真的非常稀少。

2014 年年末，《纽约时报》在其一篇报道中透露，爱彼迎已经收集到他们所有房东和租客的安全性数据。爱彼迎没有公布具体数据，但其发言人称，"已有超过 2600 万位客人通过爱彼迎收获了安全良好的入住体验，其中仅 2014 年就有 1600 多万人"。至少可以这样说，这是个模糊而难以让人满意的回答。为了更接近问题真相，房东可参考 CBIZ 保险公司的财产和伤亡保险方案事业部总裁斯科特·沃尔夫的回答。

斯科特·沃尔夫为另一家短租平台 HomeAway 开发了定制保险项目。他说，CBIZ 公司"每年为 HomeAway 上 7000 户房源准备的保险限额预算为 200 万美元。如果这些房源每户入住率为 180 天 / 年，那意味着每 100 万美元的保险限额对应每年 63 万次的入住量"。如果再仔细分析这些数字，你会发现入住短租房的损失赔偿平均为 1.59 美元 / 次。请记住，这是在预计损失较低的情况下非常保守的估计。我们只是通过这些数字说明在爱彼迎上从事房屋出租并不是一项高风险的事。然而，无论有什么风险，都应尽力使之降至最低，确保你不会遇到诸如"家具上沾满蛋黄酱"之类的事。

七个方法帮你降低经营风险

共有七种方式可以帮你将爱彼迎经营风险降至最低。如果你有任何关于安全性的担忧，请参考以下建议。关于这些建议最好的一点是，你并不需要花费太多精力在这上面。执行这些建议可能会使你可选择的客人数量减少，收益率降低，但那通常都是控制风险所需付出的代价。闲话少说，接下来我们就看看都有哪些方法。

1. 尽你本职筛选潜在客人——收到预订请求后，首先应仔细浏览客人的主页介绍，其中你需特别留意以下几处信息：

• **评价**——就像客人会给房东评价一样，房东也可以给客人打分。对房东而言，这是非常有价值的参考信息。查看潜在客人在之前的入住中是否收到过任何好评。许多房东都告诉我，他们不会接受那些住房记录中没有好评的客人。这样做当然可以，特别是当你希望将风险控制在最低时。我个人对这一条要求不是很严格，我愿意给那些爱彼迎新用户机会，让他们在我这里开始全新的入住体验。

• **身份认证**——爱彼迎用户可以通过几种不同方式进一步证实其身份。例如，用户可将其爱彼迎账号与个人邮箱地址、电话号码，以及不同网络 ID（如谷歌、脸书和 LinkedIn 账号等）相关联。如果用户缺乏某个网络 ID、邮箱或电话，我就不会接受他的预订。这是我用来快速判断客人的一条硬原则。我认为这是个合理的判断方式，因为添加这些信息毫不费力。为什么隐藏呢？如果客户没有添加这些信息，那么你应该警惕了。

- **爱彼迎简介**——每位爱彼迎用户都能在简介中分享自己的个人信息。你可以利用这一数据宝藏挖掘更多关于潜在客人的信息。尽管爱彼迎不会检查这些信息的真实性，但依我个人经验来看，此信息是非常准确的。而且你可以对比用户简介与其所关联的社交媒体信息，从而验证真伪。

- **推荐语**——如果该用户没有收到任何好评，可查看他们是否有任何推荐语。推荐语是由用户家人或朋友提交的关于该用户的评价。它类似于工作申请中的推荐信。你可以从中发现一些信息，因为大多数人都只让朋友或家人写评语。因此，这也是可以用来评估客人可靠度的数据点。

2. 在接受预订前通过爱彼迎与潜在客人沟通——如果你正在犹豫是否接受某位潜在客人，可在接受预订前向他们提几个问题。我一般会问以下两个问题：

- 你为什么来到这座城市？
- 按计划共有多少人住在我这里？

通常，从这两个问题的答案就可以看出他们是不是我想要的客人。例如，如果旅行目的是拜访亲人，那么我可以大概判断该客人是想找个安静的住所。但如果客人是来参加某个婚礼，他们找到我这里可能是想开个派对，那么我很可能不会接受这样的订单。另外，比起一群二十多岁从伦敦飞来欢度周末的年轻人，我更愿意接受由两对夫妻组合的欧洲七天游旅行团。毕竟，我最担心的是客人在我家里开派对，或半夜醉醺醺地从酒吧回来打扰到邻居的休息。了解客人的旅行计划可以帮我做出合理的风险评价。

3. 设置房屋预订要求——你可以要求客人在提交预订请求前必须完成所有认证。这可能会使你接到的预订请求数减少，但可确保你得到更多关于潜在客人的信息。

4. 要求支付押金——你可以要求客人支付最高5100美元的押金，以防出现任何财产损失。客人退房后，你有48小时检查房屋以确认是否发生财产损失。在你提交检查结果后，爱彼迎会根据检查结果退还押金，或要求客人赔偿损失。

5. 拒绝让你感到不舒服的客人——你有权拒绝客人的预订请求。爱彼迎官网称其不处罚拒绝客人预订请求的房东。以前我总觉得，因怀疑某位客人而拒绝其订房请求有失礼貌，但后来我发现，做这类生意时适当地"坏一些"是有必要的。可以这样想，如果你不愿意接待某个人，那么早点拒绝他让其尽早去找合适的房屋，这样对他更好。

6. 填写"住房守则"与"房客指南"——爱彼迎向房东提供了两种约束客人行为的工具："住房守则"和"房客指南"。通过"住房守则"房东可严格要求客人入住期间的行为。例如，你可以明确说明不准在家中开派对、抽烟或养宠物。潜在客人在预订房屋前可以看到这些要求。"房客指南"是订单确认后房东与客人分享的私人信息。客人可以在这里面找到一些关于如何使用各种家具设施的有用信息，从而减少破坏财产的可能性。

7. 在爱彼迎外增加一份保险——如果房屋内有珍贵财产，你最好再独立购买一份保险以确保短租经营万无一失。标准的房屋业主保险政策可能不含爱彼迎业务，特别是当你并未告知保险公司你在从事短租活动时。

出问题了怎么办

如果你真的与某位客人发生了摩擦，尽量先与该客人协调解决问题。通过爱彼迎联系客人，告知其房屋内发生了何种财产损失。你会惊讶地发现爱彼迎社区的人都很理性。然而，如果你们未能达成一致意见，你可以向爱彼迎调解中心求助。调解中心将会仔细分析双方情况后再做出裁决。如果确实是由客人造成的损失，请记住在客人退房后 72 小时内向爱彼迎提出调解申诉。如果押金或业主保险均无法弥补这部分损失，爱彼迎房东保险可保护房东免受损失，赔偿金额最高可达 100 万美元。

Get Paid for Your Pad

第 13 章

爱彼迎开放日深度体验

团结就是力量……只要有团队协作，就能干出漂亮的事业。

——马蒂·斯特潘内克，诗人、和平主义者

2014 年 11 月初,本书第一版面世后不久,首届爱彼迎开放日在旧金山举办。来自全球各地的 1500 多位房东聚集在旧金山梅森堡,在一片欢快的气氛中相互认识和学习。对爱彼迎公司和房东而言,这是一次相互交流,共商如何改善经营的好机会。这也是一次面向大众解答关于共享经济的疑问,连接房东与各个短租平台的机会。我非常幸运地收到了爱彼迎邀请我作为特别嘉宾出席此次开放日活动的邀请信,这让我感到十分荣幸。于是,我欣然应邀前往。

9 月和 10 月,我一直在亚洲度假。于是,我预订好回美国的机票,准备参加这次盛大的活动。我早已计划好要和我的合作伙伴胡泽发共同参加这次活动,于是先来到了位于洛杉矶西好莱坞的胡泽发家。在洛杉矶疯玩了几天后,我们打包好行李,租了一辆四门轿车上路了。我们原计划连夜赶车,凌晨两点左右到达旧金山,但计划未遂。由于前几天连续熬夜,我们俩没办法开夜车了。最终,我们不得不在路边一个可爱的汽车旅馆睡了一觉。我说"可爱"其实是可怕,那个看起来乌烟瘴气的地方接待的都是一些喜欢惹是生非的卡车司机、摩托车手和文身爱好者。但房间里面还不错,最后我和胡泽发不仅毫发无损,还有些神清气爽。又经过三个小时的车程,我们到了旧金山市中心。

现在,我要告诉你一件尴尬的事。事实上,也是一件非常糟糕的事。一生中有些过错是可以原谅的,然而有一些却刻在你心中无法抹去。我真的不知道这样的行为算多糟糕,然而,是时候承认自己的过错了。到达旧金山参加爱彼迎 2014 年开放日活动时,我们住进了一个酒店。这是我们将订房计划推迟到最后一分钟导致的后果。在我们启程来旧金山前，几乎已没有可供选择的爱彼迎房屋了。于是，我们毅然决定在市区预订一家酒店。这家酒店虽然价格略贵，但对于我们往来参加开放日活动很方便。把这件事说出来我感觉好多了，希望你们可以原谅我。

那是个周五的下午，我们驱车前往活动地点梅森堡。梅森堡是位于旧金山的一处非常漂亮的区域，那里有各种各样的商店和建筑。我们刚下车，爱彼迎工作人员就送来了欢迎材料和写着"特别嘉宾"的胸卡。就这样，会议开始了。

活动第一天，我们参加了一场又一场会议，学习了经营爱彼迎所涉及的方方面面的知识。整个周末最有意思的活动之一是与来自全球各地的爱彼迎房东会面交流。我很荣幸地遇见来自 Everbooked、Beyond Pricing、Handy 等其他短租公司的嘉宾，他们有效地帮助了许多爱彼迎房东开始短租事业。那天晚上，我们几个人相约到市区一家时尚酒吧，一直聊到了第二天凌晨。爱彼迎开放日吸引了许多愿意张开双臂拥抱世界的人。因此，这也是一次认识更多朋友的机会。据说，那个周末有些人还擦出了爱情的火花。

第二天早上，我喝了一瓶霓虹蓝佳得乐运动饮料，吃了强力止痛药，一大块切达干酪，一个涂着酸奶酪的墨西哥蛋卷，还有几片烤肉，终于成功战胜宿醉。于是，我拿起笔记本，向主会议区赶去。

这一天的活动非常精彩，我们迎来了期待已久的几位嘉宾的演

讲，他们是爱彼迎创始人、首席营销官[1]、此次活动主办者、维珍美国航空公司创始人及首席执行官，以及爱彼迎超赞房东代表。那天的活动果然不负众望，大家收获了许多有用的信息，近距离地了解了爱彼迎公司以及该平台的持续发展。

当天的焦点是爱彼迎公司三位创始人的演讲。布莱恩·切斯基、乔·杰比亚和纳坦·布莱卡斯亚克与听众分享了他们鼓舞人心的创业故事以及遇到的困难和挑战。我相信，对于出席当天活动的每个人而言，这都是一个令人振奋的环节，因为大多数爱彼迎房东都有一颗想要创业的心。爱彼迎社区的人更愿意跳出常规生活圈，不受企业经营标准规则和时间约束，独立做出一番属于自己的事业。事实上，我们在世界各地遇到的大多数房东自身就是独立企业所有人，他们经营爱彼迎是为了在其自身企业稳定运营的同时增加一份收入，或者利用爱

1　编者注：原书并未讲明。根据上下文，此处约是爱彼迎的首席营销官。

彼迎短租来创业。我想，我们内心深处都想做一个像爱彼迎一样的大企业，因此当几位创始人分享他们的创业故事时，几乎所有人都睁大眼睛出神地听着。

不管你信不信，在爱彼迎创立初期，许多风险投资人都对其敬而远之。投资者认为这种想法很荒唐，房东如果愿意让陌生人住在自己家里，那简直是疯了。如果有人愿意随便住在一个陌生人家，而不是入室抢劫，那更疯狂。布莱恩回忆说，有一次和一位潜在投资人会面，那位投资人在会谈开始前点了一杯果汁。突然，"会议进行到一半时，那位投资人离开了咖啡厅，他剩下的半杯果汁还在桌上，人却再也没有回来"。布莱恩当时以为这位投资人是去车里拿东西了，但相反，车发动了，很快，人就走了。

更糟糕的是，布莱恩和乔一度发现他们陷入了借贷危机。为支持企业发展，他们办了许多张信用卡。然而，大多数信用卡已经刷爆了。他们拿自己的财务困境寻乐子，特地买了一个相册专门装那些被刷爆了的信用卡，以作为一种特别的纪念。在为公司筹资的过程中，他俩欠下了三万美元的债务。为摆脱债务困境，布莱恩和乔决定去卖麦片。是的，你没看错。这两位创业青年将希望寄托在了美国人的早

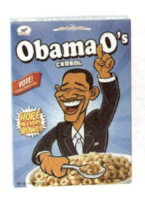

餐麦片上。但故事是在往好的方向发展。

2008年，适逢美国总统大选。巴拉克·奥巴马的支持者遍布全美国，选举浪潮达到前所未有的声势。布莱恩灵机一动，设计了两款总统选举主题的麦片——奥巴马口味和麦凯恩（当时的共和党总统竞选人）口味。这不是笑话，请看前页那两张图。

布莱恩和乔是闻名遐迩的罗德岛设计学院的毕业生。除其他身份外，他俩最重要的身份是艺术家和设计师。因此，他们利用自己的特长设计出了两款总统主题麦片，并打算在民主党召开国民大会期间发布其总统主题麦片。

你是否准备好听那令人难以置信的结果了？他们俩最终净赚了三万美元！奥巴马口味的麦片大受欢迎！至于剩下的麦凯恩口味麦片，则成为他们一段时间内的口粮，直到得到第一笔外部融资为止。爱彼迎开始赢利后不久，布莱恩和乔进入了硅谷著名的创业孵化器

（Y Combinator），这里最终也成为爱彼迎飞跃式发展的催化剂。

　　爱彼迎社区精英分享完他们的故事后，几位创始人请所有出席活动者参加了晚宴。尽管要为那么多客人准备餐饮看起来是件很困难的事，但爱彼迎做到了。食物都是一流的，不管是肉食主义者还是素食主义者，都有丰富的选择，此外还有美味的甜点。那天我和胡泽发玩到很晚才回去。

　　当晚最难忘的是我们有机会单独与几位创始人交流。布莱恩、乔和纳坦三个人都非常亲切，整个晚宴他们都走来走去，耐心地解答各位房东的问题。我和胡泽发当然也准备好了本书的亲笔签名版，并亲自送给了他们。

　　整个周末最令人激动的时刻是我们走过去与布莱恩·切斯基交谈的时刻。布莱恩是大家目光的焦点，接近他当然不容易，这过程有点好玩。当我们终于走近布莱恩时，他正被一群热情的爱彼迎粉丝包围

着，粉丝不断地提问或要求合影。当我们终于有机会和布莱恩打招呼时，我们直接把书递到了他面前。布莱恩拿过书，打开后问："你们想让我在哪里签名？"我忍俊不禁，终于开口说："布莱恩，您不需要在上面签名，这是我给您的礼物——我写的一本关于爱彼迎的书，我想送一本我亲笔签名的给你。"布莱恩合上书，仔细看了一眼封面，突然笑了起来。

"是你们啊！"他说道，"我爱你们俩！"布莱恩说着，走过来给了我和胡泽发一个大大的拥抱。我俩不知道的是，布莱恩早已知道我们的书和播客。事实上，他还在推特上评价了我们的播客主题曲，称其是"最动听的旋律"。布莱恩还在爱彼迎公司广播上播放过这首主题曲，让员工听了一遍又一遍。胡泽发听到布莱恩这么说后特别激动，因为那首歌是由他谱曲并演唱的。

布莱恩说他很感谢我们对爱彼迎和共享经济有这么大的热情。我

们也很开心他竟然知道我们。于是我们忍不住……要了一张合影。我觉得自己就像一个 11 岁的小女孩要和单向组合[1]合影一样，但必须要这样做。我和胡泽发在拍这张一生难得的照片时姿势都有点不自然。上面就是这张难得的照片啦！

总之，这是一个令人难忘的周末。我不仅认识了许多有意思的朋友，还与爱彼迎的几位创始人进行了交流。而且我还从这次活动中收获了许多新的想法，它们可以帮我进一步提高自己的爱彼迎房屋评分并改善客人的整体入住体验。此外，在开放日认识的几家公司让我对经营爱彼迎有了全新的感受。如果你也想使自己作为爱彼迎房东赢得更多机会，我强烈推荐你参加下一届爱彼迎开放日，它不仅会让你打开视野看到更多可能，也会让你认识许多来自世界各地的朋友。

1　编者注：单向组合（One Direction），一支来自英国和爱尔兰的男子乐队。

Get Paid for Your Pad

第 14 章
结语

现在不是终结，甚至不是终结的开端，但，它开始终结了。

——温斯顿·丘吉尔，前英国首相

祝贺你来到了最后一章！如果你采纳了我的那些建议，我相信你的爱彼迎短租事业正在逐步走向成功。如果你已是个富有经验的房东，那么我希望你从本书中获得了一些新思路，可以帮你增加预订率和总体收入。

最后我想对那些正准备开始从事爱彼迎短租的人说："不要再拖了！"你等待的每一分钟都意味着金钱正从你口袋中溜走。快去把你的房屋放在爱彼迎网站上，准备迎接客人吧。

接下来是什么？

经营好爱彼迎短租房不是一件容易的事。在管理自己的迷你酒店的过程中，你扮演着业主、管理者、看门人、接待员、清洁工、行政人员、客户服务代表、财务人员和餐饮总监等多重角色。这是个非常艰难的过程，特别是当你并没有从事酒店业的经验时。

因此，如果遇到困难，请不要气馁。记住：一定会有问题产生。尽管我自己经营爱彼迎短租已经算很成功了，但时不时还会遇到问题。不过不要紧张，与我同行的爱彼迎创业者们……贾斯珀会给大家提供支持和帮助。现在你已阅读完本书，你应当有信心将自己的爱彼迎事业提到快速发展的轨道。但本书中的建议只是冰山一角，我还有许多工具和资源可以为你提供新想法和额外帮助，让你的事业像加足马力的机器一般运转。

Get Paid For Your Pad 播客

每周一早晨，Get Paid For Your Pad 播客都会通过 iTunes 向全世界发布最新一期采访视频。该播客聚焦全世界的爱彼迎房东，此外，也有对爱彼迎公司管理层、与爱彼迎相关的服务公司、了解短租市场房产和税收专业人员等的采访。到目前为止，我已采访了 80 多位房东。如果你也准备成为一名爱彼迎房东，听一听他们的故事，你能获得更多力量和启发！你可以通过以下网址找到这些视频：http://getpaidforyourpad.com/podcast。

爱彼迎房东视频教程

如果你更喜欢通过视频获取信息，我也开发了一款针对爱彼迎房东的视频教程。该课程共 50 讲，时长约三个小时。购买视频的同时，你将获得一本我自己制作的"欢迎手册"，还有机会成为爱彼迎房东脸书讨论组的会员，并享受其他许多福利。使用此优惠码 GPFYP2016，你将可以以 25 美元的折扣价得到此视频。

Get Paid For Your Pad 博客

在 Get Paid For Your Pad 博客上，你可以找到关于爱彼迎房东的免费资源。这里也是我发布最新消息和资源的地方。短租市场变化迅速，你一定也想与时俱进。这是令人激动的时刻，因此不要错过我的更新。你可以注册以下网站以获得我定期发布的信息：http://getpaidforyourpad.com/blog。

私人咨询

如果你想获得更加个性化的详细建议，可以向我预约咨询。私人咨询服务将包括：（1）在会面前对你的爱彼迎房屋进行深入研究；（2）会面中实时分析你的房屋情况；（3）提供可行建议以帮你改善爱彼迎房屋情况并将利润最大化。预约咨询，请登录以下网址：https://clarity.fm/jasperribbers。

致谢!

感谢您花时间阅读本书，谢谢您的支持！我希望您喜欢这本书，也期待听到您的消息。

如果您有时间，欢迎写信给我，可以发往以下地址：jasper@getpaidforyourpad.com，我想听到您的想法。我会仔细阅读每一封信件，不要害怕和我打招呼哦！

我也想感谢文森索·比利亚马纳所提供的纳税建议，他帮我整理出许多对美国爱彼迎房东有用的税法信息。如果您想要更多专业的纳税建议，请访问如下网址：https://onlinetaxman.com/。

关于作者

贾斯珀·里贝斯是荷兰格罗宁根大学计量经济学硕士，毕业后先后就职于阿姆斯特丹、安特卫普和芝加哥的证券交易所。如今，他一边环游世界，一边拿着笔记本利用互联网在做许多事。贾斯珀是一位热心的爱彼迎房东，他已帮助过许多想要从事短租活动的人。贾斯珀平时通过自己的博客"The Traveling Dutchman"（旅行中的荷兰人）和全世界的朋友分享自己的生活。除了旅行，其他时候他都是在家乡阿姆斯特丹度过。

胡泽发·卡帕迪亚是密歇根大学计算机科学和经济学学士，西北大学法学博士。他做过四年专利律师，专注于计算机软件和硬件相关技术。他也是一位旅游爱好者。如今，他是一家教育服务公司（Scalar Learning LLC）的创立者和所有者，该公司的主要业务是数学教育和标准化测试培训。胡泽发住在加利福尼亚州的洛杉矶市。他的时间一部分花在自己创业公司的各种文案写作上，另一部分则花在环球旅游上。

小屋赚大钱：
巧用一间房，一步步实现财务自由！

[荷] 贾斯珀·里贝斯
[美] 胡泽发·卡帕迪亚 著

王慧 译

图书在版编目（CIP）数据

小屋赚大钱：巧用一间房，一步步实现财务自由！ /
（荷）贾斯珀·里贝斯，（美）胡泽发·卡帕迪亚著；王
慧译 . -- 北京：北京联合出版公司，2018.11
ISBN 978-7-5596-2684-4

Ⅰ . ①小… Ⅱ . ①贾… ②胡… ③王… Ⅲ . ①租房－
住宅市场－指南 Ⅳ . ① F293.357-62

中国版本图书馆 CIP 数据核字（2018）第 227010 号

Get Paid for Your Pad: How to Maximize
Profit From Your Airbnb Listing

by Jasper Ribbers, Huzefa Kapadia

Copyright © 2016 by Jasper Ribbers, Huzefa Kapadia.
Simplified Chinese edition copyright © 2018 by United
Sky (Beijing) New Media Co., Ltd.
All rights reserved.

北京市版权局著作权合同登记号 图字：01-2018-6853 号

选题策划	联合天际·综合产品工作室
责任编辑	杨芳云
特约编辑	桂 桂
美术编辑	冉 冉
装帧设计	Caramel

UnRead
－
生活家

出 版	北京联合出版公司
	北京市西城区德外大街 83 号楼 9 层 100088
发 行	北京联合天畅文化传播公司
印 刷	北京联兴盛业印刷股份有限公司
经 销	新华书店
字 数	154 千字
开 本	880 毫米 × 1230 毫米 1/32 7.75 印张
版 次	2018 年 11 月第 1 版 2018 年 11 月第 1 次印刷
I S B N	978-7-5596-2684-4
定 价	58.00 元

关注未读好书

未读 CLUB
会员服务平台